乡村振兴战略导读

蒲实　袁威　著

国家行政学院出版社
NATIONAL ACADEMY OF GOVERNANCE PRESS
·北 京·

图书在版编目（CIP）数据

乡村振兴战略导读 / 蒲实，袁威著 . —北京：国家行政学院出版社，2021.4（2023.2 重印）

ISBN 978-7-5150-2519-3

Ⅰ.①乡… Ⅱ.①蒲… ②袁… Ⅲ.①农村-社会主义建设-中国-问题解答 Ⅳ.①F320.3—44

中国版本图书馆 CIP 数据核字（2022）第 148505 号

书　　名　乡村振兴战略导读
　　　　　XIANGCUN ZHENXING ZHANLUE DAODU
作　　者　蒲　实　袁　威
责任编辑　陈　科
出版发行　国家行政学院出版社
　　　　　（北京市海淀区长春桥 6 号　100089）
综 合 办　（010）68928903
发 行 部　（010）68928866
经　　销　新华书店
印　　刷　中煤（北京）印务有限公司
版　　次　2021 年 4 月北京第 1 版
印　　次　2023 年 2 月北京第 5 次印刷
开　　本　145 毫米×210 毫米　32 开
印　　张　5.125
字　　数　109 千字
定　　价　26.00 元

目　录 CONTENTS

一 乡村振兴战略提出的背景是什么？

（一）实施乡村振兴战略是新时代我们党作出的庄严承诺

我们党始终高度重视“三农”工作，在不同的历史阶段提出了不同的发展战略。党的十六大提出统筹城乡发展，十六届五中全会提出建设社会主义新农村；党的十七大提出建立以工促农、以城带乡长效机制，形成城乡经济社会发展一体化新格局；党的十八大提出要推动城乡发展一体化。进入新时代，我们党提出乡村振兴战略，是长期以来农业农村发展由量变到质变、由渐进性变革到革命性变革的历史必然，也是决胜全面建成小康社会、全面建设社会主义现代化强国的历史必然。其根植于新时代的历史背景和一脉相承的理论指引，具有明确的目标任务和清晰的战略定位，是我们党作出的新时代的管长远、管根本、管全局的庄严承诺。

第一，实施乡村振兴战略是新时代我们党对“三农”工作战略导向调整的现实承诺。改革开放后，我国经济社会取得了跨越式发展，人民生活水平日益提高，为我国迈步进入新时代奠定了坚实的基础。一方面，中国特色社会主义进入新时代的物质基础逐步完备。我国综合国力迈上了新台阶，经济总量居世界第二位，对世界经济增长贡献率超过 30%，成为世界第一进出口贸易大国和外汇储备大国，世界第一工业制造业大国，粮食、肉类、水产品产出量世界第一，人均占有量超过世界平均水平，这些都为实施乡村振兴战略提供了坚实的物质基础。另一方面，在新时代我国社会主要矛盾已经转化为人民日益增长的美好生活需要和不平衡不充分的发展之间的矛盾，城乡发展不平衡、农村发展不充分是矛盾的突出表现，迫切需要调整战略导向，坚持农业农村优先发展，大力实施乡村振兴战略。

第二，实施乡村振兴战略是我们党对“两个一百年”奋斗目标战略节点的乡村建设承诺。党的十九大对全面建设社会主义现代化强国作出了“两个阶段”的总体部署。乡村振兴战略定位、目标任务与实现中华民族伟大复兴和在本世纪中叶实现建成富强民主文明和谐美丽的社会主义现代化强国的历史使命高度一致。2020 年，全面建成小康社会取得伟大历史性成就，乡村振兴取得重大进展，城乡融合的体制机制和政策体系基本建立；从 2020 年到 2035 年，基本实现社会主义现代化，乡村振兴要取得决定性进展，农业农村现代化目标基本实现；从 2035 年到 2050 年，全面建成社会主义现代化强国，乡村全面振兴，农业强、农村美、农民富全面实现。因此，乡村振兴事关国计民生，关系到社会主义现代化的基本实现，关系到富强民主文明和谐美丽的社会主义现代化强国的如期建成，是全党工作的重中之重。

第三，实施乡村振兴战略是我们党对“三农”工作长期性系统性全方位的目标任务承诺。乡村振兴全方位覆盖了农村经济、政治、文化、社会、生态文明以及党建，是一项长期性、系统性工程。从目标任务上看，实施乡村振兴战略的“产业兴旺、生态宜居、乡风文明、治理有效、生活富裕”20字总要求凸显了生产、生活、生态的统筹安排，是“五位一体”总体布局在乡村发展上的具体化表现，它们各有侧重、紧密联系、相互作用、相互促进，共同构成了一个有机统一的整体。从实施路径上看，统筹产业、人才、文化、生态、组织五大振兴，走城乡融合、共同富裕、质量兴农、绿色发展、文化兴盛、乡村善治和中国特色减贫七条中国特色乡村振兴道路。目标清晰、任务完整，囊括了农业农村工作的各个方面，不留死角。

第四，实施乡村振兴战略是我们党对“三农”问题的革命性发展解决方案的承诺。进入21世纪以来，我们通过以城带乡、以工促农，在一定程度上避免了工农差距、城乡差距的不断扩大。但长期以来城乡二元体制机制根深蒂固，农业农村农民发展滞后，特别是农村现代化跟不上城市现代化进程，一些农村地区出现青壮年人口锐减、基础设施衰败、发展后劲不足等迹象。乡村振兴战略的革命性，在于摆脱传统工业化、城镇化主导模式，重新赋予“三农”新的功能定位。由过去单一的农业现代化目标拓展到农业农村现代化目标，由关注农业向关注农民、农村全面延伸，把乡村和城镇“两碗水”端平，赋予平等的发展权利。通过实施乡村振兴，系统推动城乡、工农融合发展，使中国长期存在的城乡二元机制得以破除。我们坚信，乡村振兴之日，即城乡二元体制机制矛盾和问题解决之时。乡村振兴充分体现了彻底性和革命性。

（二）我国实现两个百年目标的重要薄弱环节仍然在农业农村

当前我国最大的不协调是城乡发展差距巨大，经济社会发展不协调，农业与农村仍是社会发展的一大短板。

第一，国际市场上，农业基础竞争力乏力。在国际农产品市场的不确定性加强、发达国家筑起贸易壁垒和新冠肺炎疫情的影响下，我国农产品在国际市场上遭受了巨大的冲击。首先，农产品成本不断抬头。与国际上主要农产品出口国相比，我国农产品成本较高且居高不下。以玉米为例，2018 年美国每吨玉米的生产成本仅为 962.31 元，而同期中国每吨玉米的生产成本是美国的 2.21 倍，为 2 125.99 元。成本不断抬升的主要原因首先是农产品隐形成本的显性化。规模农业经营主体开始租用土地和雇用工人的同时，以往“隐藏”的劳动力和土地成本开始显露并计入会计成本。其次是农产品供给结构性失衡。随着居民消费的提档升级，需求的多样化、个性化凸显，进口农产品供不应求，国内自产农产品陷入了“存不下、销不动”的窘境。

第二，农业供给质量和效益有待提高。我国粮食产量已连续五年超过 6 500 亿千克，基本告别农产品总量短缺的时代。我国农产品供给呈现出相对过剩与短缺交替出现的局面，在农产品消费结构升级，消费需求呈现个性化、多样化、多功能性趋势的背景下，我国农业结构亟待调整，供给质量和效益亟待提高。当前，涌现了一大批新技术、新产业、新业态、新商业模式，例如，电商作为一种新业态，大部分县域都鼓励农村发展电商。然而，农产品电商发展并不及预期。农业农村信息化发展规划中曾提出：在 2020 年年底实现农业电商销售额占总产值 8%的目标，但 2018 年仅实现了 2.0%，增速低于预期已是既定事实。其他新技术、新产品、新业态也面临着增速低于预期的情况，仍然依赖投入，尝试主体较少，点状发展难以形成规模经济效应。

第三，城乡差距仍然较大。城乡差距最显著的表现在收入差距上，2018 年农村居民人均可支配收入仍然仅为城镇居民的 37.2%，2019 年城乡居民收入比虽已经缩小为 2.64∶1，但是，城乡居民人均可支配收入的绝对差距已达 26 338 元。实际上，城乡收入差距只是一个方面，长期二元发展格局，造成城乡间在资金、科技、土地、人才等要素配置方面严重不均衡，要素单向流动，格局较为固化。鉴于农业高风险低收益、乡村就业低水平临时性、农村生活方式单一、基础设施落后等特征，农村优质资源源源不断地向城市集聚。优质生产要素是农业农村发展的有力支撑，伴随着优质要素的不断转移，乡村衰落成为我国现代化进程中和乡村振兴战略实施中的重大挑战。

第四，农业农村基础设施和社会公共服务发展滞后。一是农村基础设施建设亟待提档升级。第三次农业普查数据显示，2016 年我国尚有 38.1％的村内主要道路没有路灯，52.3％的农村居民没有净化处理后的自来水，52.2％的农户手机没有连接互联网，44.2％的农户仍使用柴草做生活能源，多数村庄没有符合村庄特点的垃圾、污水处理设施等。农村现在的物质基础条件仍不能满足农民生产生活的需求，基础设施亟待完善。二是农村基本公共服务历史欠账较多。农村基本公共服务的制度框架已搭建，但还存在标准较低、覆盖不全等问题。根据第三次全国农业普查数据，2016 年全国仍有 33.2％的乡镇没有社会福利收养性单位；3.5％的乡镇没有幼儿园；58.7％的村没有农民业余文化组织；近 41％的村没有体育健身场所。农村的公共服务体系没有得到完善和统一，容易导致城乡差距的进一步拉大，进而阻碍城乡一体化的步伐。

第五，资源环境承载力已达到或接近“天花板”。我国农业发展始终不可避免地承载资源环境的巨大压力。一是可耕地面积持续减少。当前，我国不少土地资源已不适合粮食生产。目前有 3 亿亩耕地遭受汞、铅、铜、砷、镉、镍等重金属污染，每年因重金属导致污染的粮食达 1 200 万吨，直接经济损失超过 200 亿元。二是农业环境污染严重。2018 年，我国化肥每亩用量远超国际公认的亩均 15 千克的安全上限，高达每亩 27.89 千克。农药亩均用量超过 0.74 千克，农用地膜使用量突破 246.48 万吨，残留率高达 40%。大量使用农药化肥，导致土地肥力、产出率下降，农业环境污染日益严重。三是水资源过度开发。我国许多地区水资源过度开发问题较为突出，尤其是华北地区和西北地区。目前华北地区地下水超采累计亏空 1 800 亿立方米左右，超采的面积达到了 18 万平方千米，约占平原地区面积的 10%。

第六，农村空心化、老龄化现象蔓延。第三次农业普查数据显示，2018 年城镇人口数量超过农村人口数量的 47.40%，表明农村青壮年劳动力大规模向城镇转移，农村劳动力短缺情况日益严重。一方面，农业吸引力下降，青年农民务农积极性明显下降，大量转移到第二产业、第三产业，农村空心化问题日益凸显。2018 年国家统计局的人口普查数据显示，农村 60 岁以上老年人口的比例已达 15%，农村老年人口达 1 亿人，农村老龄化问题尤为突出。另一方面，我国农村劳动力受教育程度低，思想跟不上形势，“小富即安”的小农思想根深蒂固，由于农业青壮年劳动力短缺，老龄农民科学素质不高，难以适应农业农村现代化的要求。农村人力资本匮乏对农村发展造成全面系统的影响，加速了农村衰退、农业边缘化。

（三）我国已具备实施乡村振兴战略的基础和条件

第一，习近平总书记关于“三农”工作的重要论述是实施乡村振兴战略的理论遵循。党的十八大以来，习近平总书记就做好“三农”工作作出一系列重要论述，提出一系列新理念、新思想、新战略，这些重要论述为实施乡村振兴战略提供了重要的理论遵循。

一是习近平总书记重要论述科学回答了“三农”工作重大理论和实践问题。党的十八大以来，习近平总书记站在战略和全局的高度，从全面建成小康社会和实现中华民族伟大复兴中国梦的宏伟目标出发，尤其高度重视“三农”工作，强调要始终把解决“三农”问题放在全党工作重中之重的位置，针对农村改革发展面临的新情况、新问题，提出了关于“三农”发展的一系列新思想、新论断和新要求。特别是习近平总书记在2013年12月23日中央农村工作会议上的重要讲话和2016年4月25日在安徽省凤阳县小岗村召开的农村改革座谈会上的重要讲话，对中国的“三农”问题和政策方向进行了全面阐述和系统论断，也是从那时起，真正形成了习近平总书记“三农”理论体系的“四梁八柱”。习近平总书记“三农”理论的内容主要涉及“三农”工作的重要地位、稳定和完善农村基本经营制度、国家粮食安全、中国特色农业现代化、城乡融合发展的体制机制、农村生态文明建设、深化农村改革、新农村建设、乡村振兴扶贫开发与脱贫攻坚、加强和改善党对农村工作领导的十大领域，覆盖农业农村工作的方方面面。既有对农业农村发展长远的战略谋划，对“三农”工作全局定位的宏观阐释，也有对农村基本制度等重大问题的深刻思考，对具体工作方式方法的实践指导。

二是习近平总书记重要论述指明了实施乡村振兴战略的目标路径和努力方向。当前，实施乡村振兴战略已凝聚成全党全社会的共识。在党的十九大报告中，习近平总书记首次提出要实施乡村振兴战略，指出“农业农村农民问题是关系国计民生的根本性问题，必须始终把解决好‘三农’问题作为全党工作重中之重”，并强调要坚持农业农村优先发展，以20字总要求为根本遵循，加快推进农业农村现代化。“三农”问题在我国具有特殊的历史和现实意义。在不同的历史时期，如果处理好“三农”问题，我们的事业就会顺利推进，社会主义现代化建设就会取得长足发展；如果不能正确处理“三农”问题，我们的事业就会遭受挫折。在“三农”工作的重要性方面，习近平总书记提出，“三农”问题始终是贯穿我国现代化建设和实现中华民族伟大复兴进程中的基本问题，我们必须坚持把解决好“三农”问题作为全党工作重中之重，始终把“三农”工作牢牢抓住、紧紧抓好①；“把解决好‘三农’问题作为全党工作重中之重，是我们党执政兴国的重要经验，必须长期坚持、毫不动摇”②。这是从根本上清晰地阐述了“三农”工作在经济社会发展全局工作中的明确定位：“三农”问题是中国未来发展和实现百年发展目标中无论如何也绕不过去的重大战略性问题。

党的十九大以来，习近平总书记就实施乡村振兴战略作出了一系列重要论述。在2017年年底召开的中央农村工作

① 习近平：《在中央农村工作会议上的讲话》(2013年12月23日)，《十八大以来重要文献选编》(上)，中央文献出版社2014年版，第658页。

② 习近平：《在中央经济工作会议上的讲话》(2012年12月15日)。

会议上，习近平总书记系统阐述了实施乡村振兴战略的重大意义和深刻内涵：重塑城乡关系，走城乡融合发展之路；巩固和完善农村基本经营制度，走共同富裕之路；深化农业供给侧结构性改革，走质量兴农之路；坚持人与自然和谐共生，走乡村绿色发展之路；传承发展提升农耕文明，走乡村文化兴盛之路；创新乡村治理体系，走乡村善治之路；打好精准脱贫攻坚战，走中国特色减贫之路。2018 年全国“两会”期间，习近平总书记在参加内蒙古、山东等代表团审议时，反复强调实施乡村振兴战略是一篇大文章，要统筹谋划，科学推进，推动乡村产业、人才、文化、生态、组织五大振兴，推动乡村振兴健康发展。2018 年 4 月底，习近平总书记在湖北考察时明确指出，要加快构建现代农业产业体系、生产体系、经营体系，把政府主导和农民主体有机统一起来，充分尊重农民意愿，激发农民内在活力，教育引导广大农民用自己的辛勤劳动实现乡村振兴。

三是习近平总书记重要论述阐释了实施乡村振兴战略的历史观和内在规律。习近平总书记的“三农”工作系列论述，强调了从实施乡村振兴战略到实现乡村振兴是个渐进的过程，要有战略定力。要真正实施好乡村振兴战略，就要统筹考虑城乡之间、农村内部的关联，妥善处理好“两个协调”的重大关系：一是城镇和乡村之间的发展协调问题，二是农业农村发展中重大关系的协调问题。习近平总书记多次用了“两个历史耐心”，对如何处理好这两个关系作了明确阐述。在城乡协调发展的关系方面，他指出，“在人口城镇化问题上，我们要有足够的历史耐心。世界各国解决这个问题都用了相当长的时间。但不论他们在农村还是在城市，该提供的公共服务都要切实提供，该保障的权益都要切实保障”[①]。在乡村内部的协调发展方面，他强调，“农村土地承包关系要保持稳定，农民的土地不要随便动。农民失去土地，如果在城镇待不住，就容易引发大问题。这在历史上是有过深刻教训的。这是大历史，不是一时一刻可以看明白的。在这个问题上，我们要有足够的历史耐心”[②]。这“两个历史耐心”实际上讲的是一个问题的两个方面，即在实施乡村振兴战略的过程中如何处理好农民和土地的关系。真正实现土地的规模经营，真正实现农业的现代化，真正实现人口的城镇化，是需要时间和条件的，这些牵涉中国农业农村的根本性问题，要从大历史观的角度加以认识，并在城市产业发展、社会保障覆盖、农村劳动力有效转移等条件逐步成熟后，才真正有可能解决中国的“三农”问题。

第二，我国已经具备了实施乡村振兴的物质基础和制度保障。

一是改革开放以来，我国物质支持基础不断夯实。经过改革开放以来的持续快速发展，我国经济实力跃上了新台阶，工业化、城镇化水平不断提高。2018 年，国内生产总值

① 习近平：《在中央城镇化工作会议上的讲话》（2013 年 12 月 12 日），《十八大以来重要文献选编》（上），中央文献出版社 2014 年版，第 595 页。

② 习近平：《在农村改革座谈会上的讲话》（2016 年 4 月 25 日），《论坚持全面深化改革》，中央文献出版社 2018 年版，第 259—260 页。

突破 90 万亿元，人均 64 644 元；全国财政一般公共预算收入达到 18.34 万亿元，同比增长 6.2%；全国的财政收入是 1978 年 1 132 亿元的 162 倍。这些都为支持农业农村发展提供了坚实的物质条件基础。

从产业结构看，我国三大产业结构逐步优化，呈现出“三二一”的态势。第一产业所占比重从 1978 年的 28.2%下降至 2018 年的 7.2%，农业产业的增加值已经降到 10%以下。与之相对应的是，第二产业和第三产业的增加值已经分别占到 GDP 总量的 40.7%和 52.2%。这些产业的转型升级一方面反映了我国已经建立起了较为完整的工业生态体系，工业结构得到进一步优化，可以为农业生产、农村发展提供更好、更广和更坚实的支持；另一方面促进了需求结构的调整，进一步激发了居民对农村生态产品、优质农产品、农村文化产品等功能性产品的需求，为农业农村进一步发展新型产业提供了宝贵机遇。

从人口的城乡结构看，2018 年我国的常住人口城镇化率达到了 59.58%，城镇化水平不但超过一半，而且在进一步提高。城镇就业人员比重达到 55.96%，农村劳动力转移进程仍在继续。城镇人口和在第二产业和第三产业就业的人口逐步成为“多数”和“大头”，这不仅在微观上更有能力支持农业和乡村这个“少数”，而且使乡村相对城市反而成为“价值洼地”，在更多层面和领域充满了机遇，对人才、资金、技术等生产要素的吸引力也在不断加大。

从外部条件看，市场配置资源的能力不断增强，乡村的文化价值功能更加凸显。随着我国社会主义市场经济的建立及不断完善，市场机制成为配置资源的重要力量，很多时候发挥了决定性作用。与此同时，市场制度的规范建设也取得了很大进展，制定了一大批保障市场机制有序运行的法律、法规、政策、规章。市场配置资源一方面要求资源有一定的稀缺性，另一方面要有得到信息的手段。我国高速交通网络和互联网的发展迅速降低了信息传播成本，乡村发展受制于空间距离的局限性正在减弱，而农村较低的土地成本、劳动力成本、经营成本等优势正在显现，使对乡村功能的发现与开发变为现实。并且乡村的文化价值也在不断显现。中国的农业文明从来都是中华文明的鲜明标签，彰显着中华民族的思想智慧和精神追求，塑造了中华民族最根本的文化基因。现在很多人都有浓厚的乡村情结，不仅文人墨客、艺术家关注农村，普通市民也开始崇尚自然、向往农村，很多人都有回报家乡的强烈愿望。

二是党的十八大以来我国农业农村取得了巨大成就。改革开放以来，我国农业农村发生了翻天覆地的变化。特别是党的十八大以来，在国际政治经济风云变幻、国内经济下行压力加大的情况下，党中央加强集中统一领导，保持战略定力，农业农村工作取得了巨大成就，发生了重要变革，为稳住经济社会发展大局起到了“压舱石”和“稳压器”作用，为党和国家工作全局赢得了战略主动。

粮食生产能力登上新台阶，农业供给侧结构性改革迈出新步伐。截至 2018 年年底，粮食总产量已经连续 5 年超过

6 000 亿千克，2018 年高达 6 579 亿千克，农业综合生产能力得到进一步巩固提高。近年来，由于我国玉米、水稻等重要农产品生产成本快速攀升，国内价格大幅高于国际市场，玉米及其替代品、大米、大豆等产品进口快速增加，形成了“洋货入市、国货入库”的局面，出现了粮食产量、进口、库存三量齐增的非正常现象。与此同时，财政压力也陡然加大。针对这种情况，我国启动了农业供给侧结构性改革。目前来看，这一改革已初见成效。各地坚持以市场需求为导向，着力调整优化农业结构，缩减玉米种植面积 5 000 万亩，扩充大豆种植面积 1 600 万亩；全国近 2/3 的生猪已实现规模化养殖，家禽存栏占比达到 73.9%；科技贡献率达到 56%以上，农药、化肥等投入量开始下降；绿色生态、优质、安全的农产品生产和供给明显增加。

农民收入持续增长，城乡居民收入差距持续缩小。全国居民人均收入增长加快，农村居民人均收入增长快于城镇居民。2013 年农村居民人均纯收入为 8 896 元，到 2018 年，农村居民人均可支配收入达到 14 617 元。由于农民收入增长速度快于城镇居民，城乡居民人均可支配收入的比值从 2013 年的 3.03∶1 下降到 2018 年的 2.69∶1。农民工的变化情况，也反映出农村对农民工的推力开始减弱，拉力作用逐步显现。从 2006 年开始，随着新农村建设被提上议事日程，各级政府财政对农业农村投入大幅增加，农业生产基础设施、农民生活条件都得到了较快改善，互联网、高速公路、铁路、智能手机的普及也加速了这一进程。根据国家统计局抽样调查结果，2013 年全国农民工总量 26 894 万人，同比增长 2.4%。其中，外出农民工 16 610 万人，增加 274 万人，增长 1.7%；本地农民工 10 284 万人，增加 359 万人，增长 3.6%。到了 2018 年，农民工总量为 28 836 万人，虽然在数量上仍在增加，但增长幅度大大趋缓，仅为 0.6%。其中，本地农民工 11 570 万人，增长 0.9%；外出农民工 17 266 万人，增长 0.5%。农民工月均收入水平 3 721 元，比上年增长 6.8%。这些数据反映出，2006 年开始的新农村建设初见成效，农村生产生活条件有所改善，全国区域平衡协调发展能力进一步加强，区域性大的产业就业差别有减弱的趋势，农民工更倾向于在本地附近就业。

脱贫攻坚取得决定性进展，创造我国减贫史上的奇迹。党的十八大以来，我国创造了世界减贫史上的最好成绩。截至 2020 年底，现行标准下 9899 万农村贫困人口全部脱贫，832 个贫困县全部摘帽，12.8 万个贫困村全部出列。全面实现“两不愁三保障”，脱贫群众不愁吃、不愁穿，义务教育、基本医疗、住房安全有保障，饮水安全也都有了保障。2000 多万贫困患者得到分类救治，近 2000 万贫困群众享受低保和特困救助供养，2400 多万困难和重度残疾人拿到了生活和护理补贴，110 多万贫困群众当上护林员，守护绿水青山，换来了金山银山。贫困地区农村居民收入水平显著提高，人均可支配收入，从 2013 年的 6079 元增长到 2020 年的 12588 元，年均增长 11.6%，2020 年底，全国贫困村的村均集体经济收入超过 12 万元。

农村生态文明建设显著加强，乡村生态环境得到明显改善。农村除了具有生产功能、为全社会提供必需的农产品以外，农业农村的生态功能也越来越突出，现在已经到了引起全社会高度关注的阶段，广大乡村日益成为城市发展的绿色生态屏障。近五年来，中国完成造林 5.08 亿亩，森林面积达 31.2 亿亩，森林覆盖率达 21.66％，森林蓄积量达 151.37 亿立方米，成为同期全球森林资源增长最多的国家。按照习近平总书记提出的“绿水青山就是金山银山”的要求，国家进一步加大对农业生态环境的保护和整治力度。通过提质增效，在农村地区发展节水农业，农田灌溉水利用系数明显提高，从 1998 年的 0.4 提高至的 0.52。同时，在化肥农药施用情况方面，截至 2018 年，全国农药使用量已连续 3 年负增长，化肥使用量实现零增长。在种养结合方面，畜禽粪污综合利用率达到 60％以上，秸秆资源综合利用率达到 82％，农膜回收率达到 60％，耕地轮作休耕试点面积增加到 3 000 万亩。

农村党建工作明显增强，农村社会保持稳定和谐。基层服务型党组织建设得到加强，“两覆盖”明显扩大，党组织的领导核心作用得到强化。民主化、网络化、网格化、精细化管理普遍推行，农村社会服务管理模式不断创新，社会化程度不断提高。民主渠道进一步畅通，基层协商制度化、规范化和程序化水平明显提高。村务监督委员会普遍建立，基层党风廉政建设形成新气象。社会治安防控、食品药品安全、安全生产、防灾减灾、环境保护与治理等方面的体制机制得到创新完善，平安建设深入推进，农村社会保持安定有序。文明村镇创建和诚信制度建设大力推进，村规民约等行为准则焕发出新的活力，乡风、村风、家风建设得到加强。

第三，社会主义新农村建设为实施乡村振兴战略创造了鲜活的实践经验。从 2006 年党中央提出进行社会主义新农村建设到现在提出实施乡村振兴战略已经有 15 个年头。从实践看，这 15 年的社会主义新农村建设加大了对农村的资金投入，大大改善了农村的基础设施状况，取消了农业税，建立了农村义务教育免费、社会保障、新农合等一批促进城镇公共服务向农村覆盖的制度，使农村基本面貌有了很大改善。各地积极探索乡村振兴的有效路径，积累了大量宝贵经验。

例如，浙江省从 2003 年就开始实施“千村示范、万村整治”工程并取得了很好的成效。当时浙江工业化、城镇化迅猛发展，经济水平跃居全国前列，但浙江农村经济社会发展不协调的问题比较突出。为尽快改变当时浙江农村普遍存在的“脏、乱、散、差”的状况，2003 年 6 月，浙江省委、省政府在全省范围内对 1 万个左右的行政村进行全面整治，并且集中整治了其中 1 000 个左右的中心村，以这1 000 个中心村为模板，打造全面小康示范村。从 2008 年起，浙江每年新建 100 个镇乡级污水集中处理厂，到 2012 年年底，基本实现了全省、镇、乡污水集中处理厂全覆盖。2013—2015 年，浙江全省 70%的县达到了“美丽乡村”的目标，到 2018 年年初，全省 2.7 万多个村实现了村庄整治全覆盖。在实施

"千万工程"的过程中，浙江省委、省政府结合浙江自然差异和经济差异大的特点，从实际出发，始终强调不搞"一刀切"，不能千篇一律，讲究因地制宜。同时，正确处理好保护历史文化与村庄建设的关系，处理好发展产业与保护生态的关系。对有价值的古村落、古民居和山水风光进行合理开发利用，使传统文明与现代文明交织融合。通过落实习近平总书记"绿水青山就是金山银山"的指导思想，在保护生态中发展产业，浙江省通过陆续设立农业产业化扶持资金、财政预算内农业投入资金翻倍增长、设立驻村特派员和指导员制度等措施，帮助村庄实现自我造血、持续发展，达到保护环境生态与促进经济发展、提高农民收入的双赢局面。

再如，江西余江的宅基地制度改革对欠发达地区典型农业县有很好的示范作用。余江是江西传统的农业县，2015 年 3 月被确定为全国宅基地制度改革试点县，2016 年 9 月又承担了集体经营性建设用地入市和征地制度改革试点任务。江西余江的宅基地制度改革重点在于把握住了农村工作的规律和特点，从群众中来，到群众中去，坚定不移地走群众路线。改革前，余江"一户多宅"现象普遍存在，农村的"空心化"趋势明显，闲置住宅造成很大浪费。与这些现象并存的是新增农户的宅基地取得困难，违法违规建房屡禁不止，宅基地管理缺位严重，村民自治主体作用发挥不充分，农民想改但改不动，村庄建设布局、道路设施、环境卫生等情况严重恶化。由于涉及千家万户，因此，宅基地制度改革在这种局面下，既很敏感，也很棘手，当地根据农村实际采取

"国家定政策、县里出办法、村里议规则"的措施，主要从五个方面进行试点：一是开展入户调查，彻底摸清试点地区的宅基地利用和管理现状，编制完善试点地区村级土地利用规划，严格建房管理；二是对"一户一宅"的"户"和一户应当享有的法定面积进行界定，并采取了"有偿无偿退出和有偿使用"的多种取得方式，特别是针对面积超标的、非本集体经济组织成员的、初次取得宅基地需要择位竞价的等情况，均采用有偿使用的办法，体现了集体经济组织的宅基地所有者权益；三是将宅基地流转严格限定在本集体经济组织成员内部，并将转让后的流转收益分为房屋收益和宅基地收益，在集体经济组织和原宅基地使用者之间合理分配①；四是成立村民事务理事会等组织主体，将村民之间的宅基地取得、退出、补偿、拆除等具体问题交由村民事务理事会自行讨论解决，明确村民事务理事会为实施主体、村委会为责任主体、乡镇政府为指导协助主体的角色定位；五是将宅基地制度改革与美丽乡村建设紧密结合，宅基地制度改革一旦取得突破，乡村环境就得到了大幅改善，绿化、美化、亮化、硬化被提到日程上来，促进农业发展现代化、基础设施标准化、公共服务均等化、农村治理规范化。

事实上，在推动地方一二三产业融合、农业社会化服务体系覆盖、开展脱贫攻坚工作、基层党组织建设等方面，各

---

① 王静．渐进性农村股份合作制改革的路径分析［J］．农业经济问题，2017，38（4）：23—29，110.

地都涌现出了很多行之有效的办法和措施。比如，“中央统筹、省负总责、市县抓落实”的工作机制，是经脱贫攻坚实践证明行之有效的做法，实施乡村振兴战略也可以继续实行这样的工作机制，不断总结经验进行推广。再如，向贫困村选派第一书记、派驻扶贫工作队等加强人才支持的做法，对软弱涣散村、集体经济薄弱村等乡村振兴也是适用的。当下，乡村振兴战略实施的基本条件均已具备，要按照党中央的决策部署，顺势而为，主动作为，不失时机地向前推进，推动农业全面升级、农村全面进步、农民全面发展，努力谱写新时代乡村全面振兴新篇章。

二 实施乡村振兴战略的重大意义是什么？

从农村发展看，当前我国农村正面临千年未有之变局。随着城镇化进程的加快，我国农村青年人口大量向城市转移，农村地区空心化趋势日益严重，越来越多的村落变成无人村、荒村。原有的治理模式在当下已不再适用，必须加快探索农村新的发展模式、治理模式，迫切需要实施乡村振兴战略。从经济发展看，改革开放至今，我国经济总水平取得了跨越式发展。作为世界第二大经济体，工业化、城镇化水平已发展到了较高阶段，为工业反哺农业、城市支撑乡村提供了坚实的物质条件基础。从社会发展看，乡村如今凸显多种功能价值，越来越多的城市居民选择到乡村居住、旅游、出行，乡村的振兴对于化解当下一些大城市病具有无可比拟的重要作用。从国际经验看，乡村衰则国衰，乡村兴则国兴，只有正确处理好工农、城乡关系，才能有效助推乡村振兴和中华民族伟大复兴的中国梦的实现。

党的十八大以来，在以习近平同志为核心的党中央坚强领导下，全国上下坚持把解决好“三农”问题作为全党工作的重中之重。在农业上，逐步推进现代化农业建设，高标准农田建设，5 年来，粮食生产能力不断提升，农业供给侧结构性改革不断推进，农业的发展取得了重要成就。在农村中，主动实施宜居美丽乡村建设，积极推动农村垃圾处理、污水处理、“厕所革命”等工作开展，农村民生、人居环境不断改善，农村生态文明建设成果凸显；在农民内部推行自治、法治、德治相结合的治理模式，治理有效、乡风文明的新型乡村初见雏形，农民的获得感显著提升。乡村振兴战略的实施，充分体现了党中央对广大人民内心渴求的深刻洞察，对重大历史契机的准确把握，可谓正当其时。

（一）实施乡村振兴战略是应对新时代我国社会主要矛盾转化的客观需求

党的十九大报告提出，进入新时代，社会主要矛盾已经转化为人民日益增长的美好生活需要和不平衡不充分的发展之间的矛盾。城乡发展不平衡、农村发展不充分已成为我国经济发展的一大制约，城乡差距大是社会主要矛盾的突出表现。1978 年我国城镇居民平均收入为 343 元，农村居民平均收入为 134 元，到 2018 年，城镇居民平均收入已快速增长至 39 251 元，农村居民平均收入虽然也有增加，但增速明显低于城镇居民，仅增长至 14 617 元，城镇居民收入与农村居民收入相对差距从 2.56∶1 扩大到 2.69∶1。同时在基础设施和公共服务方面，农村与城镇的差距越来越大，几乎没有可比性。如果城乡差距继续扩大，农村越来越贫穷，空心化越来越严重，城市越来越发达，不断挤占农民生存空间，最后即使城镇已经高度发达，但仍然不能算是实现了中华民族的伟大复兴，更不可能完成社会主义共同富裕的崇高理想。实施乡村振兴战略，就是要从根本上解决城乡发展不平衡、乡村发展不充分的问题，更好地满足广大农民群众对美好生活的需要。

（二）实施乡村振兴战略是实现“两个一百年”奋斗目标的必然要求

党的十九大报告提出了分阶段实现“两个一百年”奋斗目标的战略安排，2020 年，全面建成小康社会取得历史性成就；到 2035 年，基本实现社会主义现代化；到本世纪中叶，把我国建成富强民主文明和谐美丽的社会主义现代化强国。习近平总书记强调，全面建成小康社会和全面建设社会主义现代化强国，最艰巨最繁重的任务在农村，最广泛最深厚的基础在农村，最大的潜力和后劲也在农村。在决胜全面小康阶段，我们的工作重心应当放在消除绝对贫困上，而在全面建设现代化强国阶段，重心就应当转移到缩小城乡差距之上。2018 年中央一号文件明确了实施乡村振兴战略的阶段性目标任务：到 2020 年，乡村振兴取得重要进展，制度框架和政策体系基本形成；到 2035 年，乡村振兴取得决定性进展，农业农村现代化基本实现；到 2050 年，乡村全面振兴，农业强、农村美、农民富全面实现。实施乡村振兴战略并不是一个短期就可达成的任务，而是伴随我国经济社会发展，贯穿全面建设社会主义现代化国家的历史进程中，是一个长期的、历史的、不断跟进的任务，根本目的在于彻底改变我国农村贫困落后的现状，实现农业强、农村美、农民富的新转变。

（三）实施乡村振兴战略是构建新时代新型城乡关系的必经过程

在工业化、城市化加速发展阶段，资源优先流向城市和工业，在要素配置和产品市场上均存在对农业农村不同程度的抑制，导致城乡间呈现出较为严重的分割和对立关系，城乡居民收入差距扩大、农村产业发展不充分、基础设施薄弱、社会事业发展滞后、生态环境退化等矛盾不断显现。21 世纪以来，中央加大了对农村的扶持力度，虽然在党的十八大和十九大上提出了城乡一体化和城乡融合发展的思路，但政策的重心仍是突出城镇主导和农村从属的地位，更多地强调通过转移支付、城市带动的方式来促进农村的发展，并没有激发农村发展的主观能动性。进入中国特色社会主义建设新时代，经济发展基础条件的变化和社会发展目标的转变客观上要求城乡关系发生变化，由城乡分割向城乡融合转变，形成与新时代生产力发展要求相适应的新型城乡关系。

实施乡村振兴战略，就是把乡村放在与城市同等的地位上，更加注重发挥乡村自身的主动性和内在活力，通过建立健全城乡融合发展的体制机制，实现与城市在发展上的互惠共生、空间上的共融、要素上的双向互动，从而更有效地推进城乡平衡发展。党的十九大报告提出把乡村振兴战略作为国家发展战略，就是要从根本上改变乡村从属于城市的认知，要求在城镇化进程中绝不能忽视乡村的中心地位和城乡关系的平等地位。因此，实施乡村振兴战略，是解决城乡发展不平衡，促进城乡共同繁荣、构建新型城乡关系的必然过程。

（四）实施乡村振兴战略是推进农村“三生”有机融合的重要载体

乡村衰落的重要表征是农村生产、生活、生态功能的全面衰退和恶性循环。在生活与生产之间，农村人居环境恶化，基础设施和公共服务供给能力不足，宜居性不断下降，对乡村人才流入、产业发展造成不利影响；在生产、生活与生态之间，随着乡村产业发展和居民生活方式的转变，部分地区农村生态环境压力增大，特别是部分产业和人口集聚区，生态环境已经遭到不同程度的破坏，乡村绿色可持续发展面临巨大考验，反过来进一步恶化了农村生活宜居性和产业发展持续性①。实现乡村“三生”融合发展，践行“中国要强，农业必须强；中国要富，农民必须富；中国要美，农村必须美”的总体思路，迫切需要实施一项能够全方位涵盖农业生产、农民生活和农村生态治理的战略举措，从根本上

① 郭晓鸣，张克俊，虞洪，等．实施乡村振兴战略的系统认识与道路选择［J］．农村经济，2018（1）：11—20．

改变农业农村发展方式，实现生产、生活、生态“三生”协同发展。

实施乡村振兴战略，坚定打好“三生融合”发展系列组合拳，建设绿色低碳、高效集约、创业创新的生产空间，宜居舒适、平安健康、幸福和谐的生活空间，天蓝水清、山绿地净、城秀乡美的生态空间，将更加有利于加快形成幸福美丽和谐富裕的新乡村。

（五）实施乡村振兴战略是实现农业农村现代化的核心举措

信息化从根本上改变了城乡的空间结构和功能关系，而传统的区域、产业发展模式很难适应生产力发展的要求。现代信息技术的广泛运用极大地拓展了乡村发展的可能路径，使乡村功能由为城市提供产品和要素支撑进入了与城市工业互补融合发展的历史阶段。乡村不仅仅是农产品生产基地和要素“蓄水池”，其独特的生态环境和生活方式，作为中华文化重要传承和城市精神归属的文化和文明价值将不断显现并亟待合理开发，形成与城市互融共生的乡村经济社会生态系统。但是，由于广大乡村发展基础薄弱，加之城市化进程中对乡村资源的吸附作用，导致乡村发展普遍面临人才、技术、资本等要素不足的问题和体制机制相对滞后的问题，严重阻碍了我国农业农村的现代化进程。

要从根本上破除农业农村发展的阻碍，实现农业农村的全面发展，仅解决某一方面的问题是很难取得成效的，必须通过系统、全面的战略推进，提升发展基础，破除制度阻碍，以整体性战略设计为农业农村发展奠定基础、提供机会。实施乡村振兴战略，深化农业供给侧结构性改革，构建现代农业产业、生产、经营体系，实现农村一二三产业深度融合发展，有利于推动农业提质增效；实施乡村振兴战略，统筹山水林田湖草系统治理，加快推行乡村绿色发展方式，加强农村人居环境整治，实现百姓富、生态美的统一；实施乡村振兴战略，健全乡村治理体系，确保广大农民安居乐业、农村社会安定有序，推进国家治理体系和治理能力现代化。乡村振兴战略正是对农业农村现代化发展迫切要求的有效回应，对实现我国农业农村现代化具有重大战略意义。

中国特色社会主义进入新时代，乡村迎来了千载难逢的发展机遇。在党的领导下，我国民心日益凝聚，综合国力日益增强。如今，我们已经具备足够的能力去打破乡村千百年来衰败之景，完全有条件、有能力、有愿景去实施乡村振兴战略，不断缩小城乡差距、消除两极分化，日益接近共同富裕的社会主义目标，举全国之力，奋力解决“三农”问题，力争早日实现中华民族的伟大复兴。

三　实施乡村振兴战略有哪些总体要求？

（一）产业兴旺是实施乡村振兴战略的重点

乡村振兴能否实现，取决于乡村的经济基础和生产力的发展好坏，取决于乡村一二三产业是否兴旺发达。不同时期，农村生产力发展的着力点是不同的。“产业兴旺”相对于“生产发展”而言，它的层次更高，寓意更为丰富。党的十九大报告之所以把“产业兴旺”放在实施乡村振兴战略总要求的首位，就是要强调发展农村生产力的第一要务不能动摇。无论是新农村建设，还是乡村振兴，都离不开“产业兴旺”这个重点，因为它既是推进农业农村发展的原动力，也是乡村振兴的前提和重要物质基础。

第一，加快转变农业发展方式的必然要求。改革开放40多年来，在一系列农业政策指导和推动下，农业生产、农村面貌、农民收入都发生了翻天覆地的变化，“三农”工作取得可喜成绩。当前，我国农业农村发展进入了新的历史阶段，随着国内外环境的深刻变化，呈现出新的特点和矛盾，农业发展不仅面临品种供给不能适应需求、竞争力不强等问题，还面临农产品价格封顶、农业生产成本不断抬升、生态资源环境约束趋紧等一系列严峻挑战。面对这些新问题、新挑战，亟待从根本上转变思路，进一步加快转变农业发展方式，从根本上采取切实有效的措施加以解决。

大力提升我国农业产业化水平。农业产业化发展是重塑农业发展模式、重构工农城乡关系的重要力量。针对我国农业整体上仍处于从传统小农经济向现代化农业转型发展的历史性阶段这个客观现实，要实现农业现代化发展，就必须因地制宜地制定好农业产业发展政策。在适合继续发展传统小农经济的地区进一步提高农业专业化生产水平，提高单位农业投入产出水平。在适宜开展农业大机械现代化生产经营发展模式的地区，就一定跳出传统粗放的小规模生产经营方式窠臼，大力推广专业化和标准化的现代化农业发展方式。同时，继续瞄准农业现代化生产方式，因地制宜地借鉴他国先进发展经验，积极采取措施，从根本上改变当前农业小规模、低水平、低效率、机械化程度水平较低的传统粗放生产经营方式。

大力提升农产品质量安全水平。质量安全是现代农业的重要标志。老百姓能不能吃得安全、能不能吃得放心，直接关系到对执政党的信任问题。“民以食为天”，食品安全是重大的民生问题。近年来，农业发展提质增效，农产品供给不断优化，更好地满足了广大人民多样化的需求，目前主要农产品监测合格率均保持在96%以上。但也要看到，食品质量和安全控制与发展阶段、发展方式密切相关，确保农产品安全仍然面临着严峻形势。要坚持源头治理和过程管治，既要打造一批农业标准化生产基地，生产一批知名品牌农产品，又要加强农产品流向餐桌的过程管治，不断提高农产品质量安全水平。

大力提升现代化农业综合生产能力。农业综合生产能力是指一个国家或地区在一定时间内在农业再生产过程中形成的农业生产各种要素相对稳定的综合产出水平。提高农业综合生产能力是农业发展的一个重大战略问题，乡村振兴要打好产业兴旺攻坚战，就要注重提升科技在农业的应用程度，转变农业发展方式。同时，培育新型职业农民，发展现代种业，打造一批创新型种子企业，加快农业机械化覆盖。农业信息化也是一个突破口，实施信息入户工程，将互联网应用到农业的方方面面，打造一批“互联网＋”现代农业。

第二，进一步调整优化农业产业结构的必然要求。农业产业结构是指在农业生产和发展过程中，各个产业结构实际分配比例及关系，包括生产结构、产品结构、品种结构。改革开放 40 多年来，我国农业生产得到了较为全面的发展，农业产业结构日趋合理，农产品品质不断提升，农产品供给获得极大充裕，农业农村经济发展继续保持良好势头。人民日益增长的物质文化需要同落后的社会生产之间的矛盾已基本得到解决，我国社会主要矛盾已经转化为人民日益增长的美好生活需要和不平衡不充分的发展之间的矛盾。新的历史时期，正确认识农业产业结构对农业乃至农村发展的重要意义，并以此为根据，不断优化调整农业产业结构，构筑现代农业产业结构体系，这是实现乡村振兴战略的客观要求。

实施乡村振兴战略，应将调整农业产业结构的着力点放在优化农业结构、培育现代农业产业体系上。加快农业供给侧结构性改革，以市场需求为导向打造现代农业产业，大幅度提高农业生产效率和效益。通过分别设立粮食功能区和生态保护区，实现不同区域承担不同的区域功能。因地制宜发挥各地自身优势，发展适应性农业，提高农业发展效益。不断完善延长农业产业链，推动一二三产业融合发展，让农民更多地享受到农产品所带来的增值收益。

第三，充分激发“三农”发展增长内生动力的必然要求。乡村振兴战略，从根本上来讲依旧是发展问题。乡村振兴发展的关键就在于彻底激活广大农民在乡村振兴战略中的主体意识。通过充分保障广大农民在乡村资源分配体系中的优先地位，进一步赋予其更多的发展权利，从根本上调动起广大农民群众谋事创业的内生性发展动力，进而在整个国家范围内营造出一种“三农”事业发展前景广阔、农民职业大有可为的新时代社会主义风尚。

以系统政策助推“三农”工作内生创新动力。在实施乡村振兴战略过程中，要始终坚持农业农村优先发展的战略方向，将乡村振兴工作整体融入我国全面深化改革的宏观背景中，以全面深化改革为抓手，精准施策，从根本上破除束缚“三农”事业跨越式发展的体制机制障碍。同时，结合新形势下“三农”事业发展的客观实际，创新完善各类农业产业支撑体系，优化农业资源全要素流通配置体制机制，培育好“三农”发展新动能，助推实现农业提质增效、农民增收致富、农村富裕繁荣的欣欣向荣局面，使广大农民群众切实享受到释放自身内生性发展动力获得的政策红利和收入红利，真正成为改革及乡村振兴战略的最大受益者。

大力扶植以农民为主的“三农”新型经营主体。乡村振兴战略的核心要义，就是要让“懂农业、爱乡村、爱农民”的人扎根乡村，带着对土地和“三农”工作深深的热爱去振兴乡村。在乡村振兴过程中，最为活跃的要素就是农民群体，要通过全要素整合和创新培训等方法，突出抓好家庭农场和农民合作社两类新型农业经营主体的培育，促使其充分发挥干中学、学中干的奋斗精神，运用新理念、新技术、新模式更好地开发农业农村资源。同时，既要加大对本土人员的培训力度，又要不断引导外界人才到乡村实现自身价值。不断创新农村人才选拔、培养体系，突出人才在乡村振兴过程中的重要作用。

（二）生态宜居是实施乡村振兴战略的关键

习近平总书记指出，“环境就是民生，青山就是美丽，蓝天也是幸福”。良好生态环境是农村最大的优势和宝贵财富。生态宜居不仅包含“村容整洁”的内容，而且突出强调人与自然和谐共生，强调农村生态建设要由表及里、由物及人的过程。乡村振兴战略的目的在于打造“望得见山、看得见水、记得住乡愁”的美丽乡村，生态宜居既是我国生态文明建设的内在要求，也是满足广大人民群众对美好生活向往的最终目的。整洁的村容村貌、优美的生态环境、怡人的居住条件，不仅满足了广大农民对优美生态环境日益增长的需要，也吸引了众多的城市消费者来乡村休闲旅游养老度假，并带动农村第三产业的发展。在农民衣食住行等物质生活条件得到较大改善、温饱问题已经得到解决的今天，有必要把“生态宜居”作为实施乡村振兴的关键。

第一，“两山理论”是乡村振兴战略的重要支撑。党的十八大以来，通过开展国土绿化行动，深入推进荒漠化、石漠化、水土流失综合治理，逐步推动对生态系统的修复保护工作。通过健全耕地草原森林河流湖泊休养生息制度，分类有序退出超载的生态产能。通过建立河长制，逐步健全水生态保护修复制度，开展河湖水系连通和农村河塘清淤整治。

同时，还进一步加大了对农村人居环境的综合性治理。一方面对城镇污染实行严格监管，严禁城镇污染流入农村地区。另一方面转变农村地区思想观念，推进绿色发展理念深入人心，在日常农业生产中，注重保护饮用水源，使用可降解农膜，削减化肥使用，鼓励有机肥、绿色肥的施用，最大限度降低对水、土地资源的破坏；同时融入生态技术的生产手段，提高农产品的附加值，提高农民的收入水平。

开展美丽乡村建设，产业生态化、生活宜居化是关键。生态化的农业生产和宜居的生活环境，有利于进一步吸引优秀的人才、先进的农业生产技术以及资本等乡村振兴所需的关键要素加速向广大农村流动，进而带动和孵化出一批超越传统农业的现代高附加值农业——现代观光农业、有机生态农业、乡村生态旅游产业，真正意义上助推传统农业进一步转型升级，让广大农村地区成为农业资源高效利用、生态产业化、农业产业绿色可持续、生态宜居、收入水平不断提高的“两山理论”践行地，顺势带动乡村观光农业、有机农业，乡村高端生态游，高端民宿消费以及农业互联网的健康有序发展，围绕“两山理论”做好乡村振兴这篇大文章，让广大农村成为宜居宜业的生态高地，从根本上为乡村振兴奠定坚实的生态战略基础。

面对当下我国农村发展形势，生态产业已然成为搞好乡村振兴战略必不可少的一环，集中力量搞好生态产业支撑，是习近平总书记所倡导的“绿水青山就是金山银山”内在要求。

第二，生态经济融合发展助推乡村振兴。改革开放40多年来，从美丽乡村建设到乡村振兴战略，党的“三农”政策一以贯之、一脉相承，着眼点始终致力于打造具有中国特色的生态宜居美丽乡村集群。

我们党领导人民建设美丽乡村和实施乡村振兴战略的初心，都是建设生态良好、宜居宜业的美丽乡村。依据党的十九大精神和乡村振兴战略所绘就的乡村振兴图景，不断优化乡村人居环境，不断完善乡村基础设施配备，不断完善乡村公共服务供给能力。

过去一段时期，我们所进行的生态宜居乡村建设，客观存在着乡村发展资金匮乏、建设周期较长等现实性问题，还处于初级阶段，并没有从根本上实现城乡融合发展以及有效缩小城乡之间的发展差距。很多地方由于缺乏内生性增长动力，“等靠要”错误思想严重，直接或间接地导致了部分乡村基本公共设施建设不足及养护缺位等问题，亟待进一步有针对性地加强乡村人居环境、卫生环境、生态环境的整治工作。广大乡村基层干部在推动乡村振兴战略实施的过程中，需要始终秉持“功成不必在我”的历史担当精神，尊重科技、运用科技实现对生态资源环境的保护和修复。以客观发展规律为基础，根据各地不同的发展实际，因地制宜地开展乡村生态环境治理和种植养殖模式变革，与时俱进地产出更多绿色有机生态农业产品，将蕴藏在广大农村的生态优势真正转化为乡村振兴发展的生态经济优势，进而从根源上打通生态和经济的循环圈。

（三）乡风文明是实施乡村振兴战略的保障

乡风文明既是中华民族文明史的主体，也是农村精神家园的底色，更是我们实现现代化强国所要追求的目标。当下倡导的“乡风文明”除了包括现代文明的全部要素以外，要求内容更加丰富、标准进一步提高。不断突出乡风文明的重要性，进一步提升农民的思想道德水平，是促进农村社会全面进步的必然要求。

第一，乡风文明是一项长期系统工程。2005 年 10 月，党的十六届五中全会提出“生产发展、生活宽裕、乡风文明、村容整洁、管理民主”的新农村建设总方针，“乡风文明”便作为重要内容予以重复强调。2017 年 12 月 29 日，中央农村工作会议确立“产业兴旺、生态宜居、乡风文明、治理有效、生活富裕”为实施乡村振兴战略的 20 字总要求，仍然包括乡风文明，并赋予了其更丰富的内涵，提出了更新的要求。

良好的乡风有助于乡村的团结凝聚。抓好乡风文明建设既是我国乡村建设取得显著成就的重要经验，也是新时代推动乡村振兴的重要内容和软件基础。我们必须长期不懈地抓好乡风文明建设，纠正传统的重经济发展而轻文化建设的发展模式，从根上解决乡村普遍存在的重经济轻文化、德孝文化削弱、诚信缺失、邻里矛盾突出、干群关系紧张等严重动摇乡村社会稳定基石的问题，为乡村振兴战略的实施打下坚实的乡风文明基础。真正做到让农民在腰包鼓起来、住上好房子的同时，精神生活充实起来，活出好面貌。

纵观历史，凡是乡风文明建设好、乡村文化传承好的地区，乡村整体建设水平也会大幅度超越其他地区。乡风文明建设绝不能追求短期效益，搞急功近利的大干快上。不断满足我国人民群众对美好生活的向往的乡风文明建设，是一个长期的系统工程。乡村文化具有中国特色，不仅体现在乡村风俗、民间信仰等方面，更是与村落结构布局、山水风情息息相关。乡村振兴，就是要继承和保留具有中国特色的优秀乡土文化，传承乡风文明发展之路。

第二，乡风文明是乡村振兴的灵魂。乡村振兴离不开乡村文化的滋养，而乡风文明又是乡村文化的重要载体，乡风文明在乡村振兴发展的各个阶段都发挥着无可替代的引领作用，始终是乡村振兴发展的精神引领。

乡风文明建设助推乡村产业发展。乡风文明和乡村产业之间并不是相互割裂的关系，而是相互统一的关系，乡风文明的提升可以为乡村产业提供具有更高精神素养和智力保障的基础性人才，以带动乡村产业的繁荣；乡村产业的繁荣又可以反过来助推乡风文明的提升。

乡风文明助力生态宜居乡村建设。乡风文明本就是生态宜居的应有之义，文明的乡风有助于形成精神层面的宜居生活；同时，随着乡风文明的提升，使得乡村居民更注重生态环保，进一步助推生态宜居美丽乡村建设。

乡风文明助力提高乡村振兴治理效能。乡风文明有助于提升乡村居民精神乃至思想道德水准。风俗习惯、思想道德作为乡风文明的重要载体，其水平的提高能够有效提升乡村社会的治理效能。不断完善自治、德治、法治“三治”结合的治理体系，能够有效提升乡村治理的能效性。

乡风文明助推生活富裕早日实现。乡风文明的提升可以带动传承和发扬优秀的历史文化。一方面将这些文化的因素融入农产品产业链之中，可以有效增加农产品的附加值；另一方面将这些文化的因素融入农产品品牌之中，可以有效增加品牌的知名度，凸显品牌效益，有利于助推生活富裕的目标早日实现。

第三，乡风文明是乡村文化的重要载体。新时代，乡风文明具有鲜明的时代印记和重要的现实意义。

新时代的乡风文明是优秀传统文化和现代文明的有机结合。习近平总书记在党的十九大报告中强调，“中国特色社会主义文化，源自于中华民族五千多年文明历史所孕育的中华优秀传统文化，熔铸于党领导人民在革命、建设、改革中创造的革命文化和社会主义先进文化，植根于中国特色社会主义伟大实践”。我国的乡风文明建设具有传统文明和现代文明的双重属性，更有利于弘扬中华传统文化。结合“五位一体”总体布局与五大发展理念，乡风文明建设能够更加有效地在广大乡村地区培育形成符合社会主义核心价值观的优秀乡风、村风、家风。

新时代的乡风文明是乡村文化与城市文化的深度融合。历史上我国乡村曾有过辉煌的岁月，在强汉盛唐时期，多以乡村繁荣作为国力强盛的重要体现。而在近代，特别是新中国成立之初，由于完全借鉴苏联的做法，选择走农业哺育工业的道路，以牺牲农村为代价换取城市工业化发展，导致乡村逐渐走向衰败。新时代提出的乡村振兴战略，一方面要重振流传已久的优秀乡村文化；另一方面要结合城市特点，让广大农民群众更多地分享城市和工业化发展所带来的红利。推动城乡文化深度融合，形成家风和谐、乡风文明、生活宜居、生产方式现代化的乡村振兴局面，助推乡风文明进一步提升。

新时代的乡风文明是中国文化与世界文化的深度融合。千百年来，历经朝代兴衰更迭，中华文明之所以长盛不衰，历久弥新，很重要的一个原因就在于我国的乡村一次次将中华文明完整地保存了下来。我国乡村承载了中华民族璀璨历史文明中大量的优秀传统文化。乡村振兴的提出、乡风文明的建设，实质上就是要重振中华民族优秀文化，并通过融合世界其他先进文明成果，不断增强我国文化自信，助力乡村早日振兴。

（四）治理有效是实施乡村振兴战略的基础

从“管理民主”到“治理有效”，这是新时代提出的新要求，其中孕育的内涵也变得更加深刻。既反映了基层治理工作中思路和理念的转变，又彰显了“三治”（自治、法治、德治）结合在基层治理工作中日益凸显的重要性，推进乡村治理更加有效。

第一，自治是乡村治理有效的重要基础。在我国，实现乡村治理有效，一定要充分发挥村民自治的重要作用。由于我国乡村地区所占国土面积广大、乡村人口基数庞大，广大乡村地区熟人社会的基本面貌依旧没有变。乡村治理情况错综复杂，单纯依靠法治和德治难以取得较好的乡村治理效果。

在乡村治理过程中，必须始终坚持以人民为中心的根本政治立场不动摇。在推进乡村治理有效的具体社会实践过程中，要在始终坚持党对“三农”的领导基础上，充分激发农民自治内生动力，不断完善以村“两委”为核心的农村基层治理体系建设，不断加强村规民约等村民自治制度建设，不断强化村民法治意识和德治思维。在涉及广大村民切身利益的重大事项上，坚持共商共议，群策群力，及时同党员及村民代表共同研究决策。

在乡村治理过程中，必须始终注重充分发挥好广大村民的主体作用。首先，要充分借助乡村熟人社会的特殊优势，科学推进好农村基层“两委”选举工作。在切实保障村民选举权益的基础上，进一步规范选人、用人程序，鼓励广大村民积极参与到村里的各项管理事务之中。其次，要立足“三农”工作实际，切实保障广大村民参与乡村管理事务的合法权利。通过创新工作方法，更好地开展乡村治理各项工作，创造性地让更多村民切实参与到乡村振兴发展事务的管理决策之中，为实现乡村善治的终极目标打下坚实的自治基础。最后，要从不断健全完善制度建设方面入手，充分发挥乡村村民议事会、监事会等自治组织的监督管理作用，确保乡村村务、财务、政务等事项在阳光下公开运行。

在乡村治理过程中，必须始终注重发挥自治在乡村振兴治理有效环节中的重要基础性作用。我国实现村民自治的重要目的，就是将国家保障全体人民当家作主的根本性政策落实到国家治理和社会生活的各方面和全过程。在推进乡村振兴战略过程中，让广大村民在法治和德治的保障下，以自治为核心，依托“村民直选”等民主选举、决策、管理、监督机制，充分发挥广大村民自我管理的乡村自治优势和人民当家作主的制度优势，将治理有效这个乡村振兴战略的重要抓手切实落到实处。

第二，法治是乡村治理有效的重要保障。2018 年中央一号文件《关于实施乡村振兴战略的意见》明确提出，“乡村振兴，治理有效是基础”，“坚持法治为本，树立依法治理理念”。中国特色社会主义乡村法治建设的根基在广大基层，基层法治建设的最薄弱领域在我国广大的乡村地区。建设新时代法治乡村，把乡村各项工作纳入法治化轨道，坚持走法治化道路，是增强乡村基层治理能力的治本良方。

不断加强和完善法治建设，努力建设中国特色社会主义法治乡村。习近平总书记在党的十八届四中全会上重点强调，实现立法和改革决策相衔接，做到重大改革于法有据、立法主动适应改革和经济的社会发展需要。当前，农村法治建设存在立法质量有待进一步提高、农村产权制度有待进一步明晰、相关法律法规设置滞后、可操作性有待进一步增强等现实问题，亟待予以解决。坚持法治为本，牢固树立依法治理理念。在实施乡村振兴过程中，针对乡村立法质量不高的问题，要逐步加强立法建设，完善乡村治理过程中的相关法律法规，为乡村社会治理提供根本性制度保障。针对农村产权不清晰的问题，要实事求是地通过调查研究，摸清农村土地承包“三权分置”“两权抵押”等涉及广大农民根本利益的实际情况，因地制宜地做好制度设计，并配套完善相关政策措施，做到成熟一项就全面推广一项，从根本上确保农村稳定局面不动摇。针对涉农土地和房屋流转、交易等难题，要不断完善基层立法和法治建设，进一步平衡好涉农各方利益关系，逐步建立健全乡村调解、县市仲裁、司法保障的农村土地承包经营纠纷调处机制。

不断加强和完善法治建设，始终以维护和保障广大农民群众合法权益为党和政府法治工作出发点。《关于实施乡村振兴战略的意见》中明确强调，强化法律在维护农民权益、规范市场运行、农业支持保护、生态环境治理、化解农村社会矛盾等方面的权威地位。在实施乡村振兴战略过程中，要通过法治乡村建设，充分发挥法律法规的有效治理作用，从维护广大农民合法权益出发，不断增强基层干部法治为民的观念意识，将各项涉农工作纳入法治化轨道。我国在充分发挥法治维护广大乡村社会稳定发展的基础性作用之外，还要积极顺应广大农民群众法治诉求，健康有序地开展好乡村普法工作。通过不断理顺乡村社会利益关系，为化解乡村社会矛盾提供相关制度供给，实现农村法治建设工作良性运转。针对各种涉农犯罪、乡村治理难题，一方面要从司法机关日益增强打击力度入手，另一方面要不断完善健全农村法律服务体系和多元化纠纷解决机制。在实施乡村振兴战略过程中，要充分发挥法治在乡村振兴战略中的重要基础性保障作用，不断扩大广大乡村法律服务覆盖范围，不断完善农村法律服务体系和多元化纠纷解决机制，加强对农民的法律援助和司法救助，将大量的矛盾纠纷化解在基层、消除在萌芽状态。同时，对农村地区的普法力度还需进一步加强，不断提高农民的法治素养，引导农民群众懂法、知法、守法，不断提升其运用法律武器维护自身合法权益的能力。

不断增强基层干部的法治观念和依法为民服务意识，切实将政府各项涉农工作纳入法治化轨道。法治是我国国家意志的重要体现。加强对各级干部尤其是乡村基层干部的法治教育，不断增强他们的法治观念、法治为民的意识，不断提高他们的法治素质，不断提升依法施政水平和施政能力，才能实现法治引领和保障下的乡村社会公平正义，从根本上充分保障好广大农民群众人身权、财产权等合法权益。完善农村基层法治机构、机制，不断改善农村基础设施条件，鼓励法治干部下到农村基层活动。

第三，德治是乡村治理有效的有力支撑。2017 年 12 月召开的中央农村工作会议明确提出“必须创新乡村治理体系，走乡村善治之路”。中国特色社会主义乡村振兴战略就是要立足德治，以乡村传统伦理道德规范为乡村社会治理基本规范，实现以德治为引领的乡村有效治理。

以德治为基，培育良好乡风村风民风。德治是乡村治理的灵魂所在。我国广大乡村良好社会风尚的培育、乡村治理凝聚力的提升，都要植根于乡村德治的道德文化建设之中。此外，要充分发挥德治在法治与自治之间不可或缺的重要灵魂凝聚作用，切实推动广大乡村地区形成有效治理合力。在实施乡村振兴战略过程中，我国广大乡村地区一定要立足德治，依托德治教化作用，大力弘扬社会主义核心价值观，充分发挥德治引领乡村振兴战略有效实施的重要作用，不断培育新时代良好乡风村风民风。

以乡贤为引领，重塑文明乡风。中国传统乡村社会一直有着浓厚的重贤、尚贤的良好风尚，并由此构成了独具中国特色的乡贤文化。分布在大江南北的一批批乡贤依靠自己的威望、品行、才学主动履行起了凝聚族群、尊祖继统的职责，他们不仅是乡村社会优秀道德和淳美家风的示范者和引导者，还是规范族人和乡民行为的监督者和执行者。他们在打理好本族事务的同时，还在很大程度上承担了慈善、教化、纠纷解决等社会功能，很好地参与了乡村社会的共同治理。实施乡村振兴战略，需要一批有奉献精神的新乡贤返乡重构传统乡村文化。这些从乡村走出去的精英，或致仕，或求学，或经商，当他们返乡时，都将以自己的经验、学识、专长、技艺、财富以及文化修养参与到乡村建设和治理中，以自身的文化道德力量教化乡民、反哺桑梓、泽被乡里、温暖故土，凝聚乡村人心、促进乡村和谐、重构乡村传统文化，充分发挥新乡贤沟通农业、农村、农民和政府关系，协助政府治理的重要职能作用。实施乡村振兴战略，需要努力推动形成以乡情为纽带，以乡贤为楷模，以乡村为空间，以实现乡村经济发展、社会稳定、村民安居乐业为目标的乡贤文化，生成一种教化乡里、涵育乡风文明的重要精神力量。

坚持以中华民族优秀传统文化为根基，大力培育乡村德治新风尚。我国自古就是一个传统的农业大国，中华民族优秀的传统文化哺育了历代乡村的文明演变发展。实施乡村振兴战略，要继续坚持弘扬与倡导新时代的乡村德治文明风尚观，继续大力开展好乡村精神文明建设，继续不断完善新时代的乡风民俗、村规民约，久久为功，持续发力。

（五）生活富裕是实施乡村振兴战略的根本

2018 年 6 月，习近平总书记在山东考察时指出：“农业农村工作，说一千、道一万，增加农民收入是关键。”强调“生活富裕”，就是要让农民有持续稳定的收入来源，经济宽裕，衣食无忧，生活便利，共同富裕。从“生活宽裕”升级到“生活富裕”，仅一字之差却充分体现了多年来我国城乡收入差距缩小的良好态势，同时也强调了在全面建成小康路上“一个都不能少”的决心。把它放在总要求的最后，既突出了目标导向，也突出了新时代解决“三农”问题的高标准和高要求。生活富裕，就是拓宽增收渠道，不断提高农民收入水平和生活水平，逐渐实现共同富裕。要实现“生活富裕”这个目标，就必须把人民对美好生活的向往作为我们的奋斗目标，坚持在发展中保障和改善民生，在发展中补齐民生短板，促进社会公平正义，保证全体人民在共建共享发展中有更多获得感，不断促进人的全面发展，实现全体人民共同富裕。

第一，加快发展高质量农业。2017 年中央农村工作会议提出，我国农业正处于转变发展方式、优化结构、转换增长动力的攻关期，要坚持以农业供给侧结构性改革为主线，走质量兴农之路，实施质量兴农战略，不断提高农业创新力、竞争力和全要素生产率，加快实现由农业大国向农业强国的转变。2018 年中央一号文件明确提出实施质量兴农战略，要求制定和实施国家质量兴农战略规划，深入推进农业绿色化、质量化、特色化、品牌化，推动农业由增产导向转向提质增收导向，切实提高农业发展效益和产业竞争力。

坚持以农业供给侧结构性改革为主线，以保障农产品品质量、农业生态环境安全为基点，优化空间布局，突出农业绿色化、优质化、特色化、品牌化。坚持市场导向，推进农业标准化生产，加快发展“三品一标”农产品，增加绿色、有机安全和特色农产品供给，让老百姓的餐桌更丰富更健康。将品牌建设与粮食生产功能区、重要农产品生产保护区、特色农产品优势区和现代农业产业园、创业园、科技园“三区三园”建设以及绿色食品产品认证紧密结合，突出抓好品牌建设、品质管理，支持建设一批地理标志产品和原产地保护基地，开展中国农业品牌提升活动。加快构建推动农业高质量发展的考核评价体系，把环境友好、绿色发展、质量安全、有效带动小农户增收等作为重要考核指标，引导人才、科技、装备等各方面力量聚合到质量兴农上来。围绕薄弱环节、重点领域，出重拳、求突破，运用信息化手段推动工作，推进互联网、大数据、人工智能等与农业深度融合，加强农业执法监管。大力推进化肥农药零增长行动，深入开展农产品质量安全专项治理行动，保障农产品质量安全。

第二，增加集体和农民收入。促进农民增收历来是解决“三农”问题的关键。近年来，农民增收不快所引发的农村经济社会发展的多米诺骨牌效应，已成为关乎经济社会发展全局的根本性矛盾和问题。实施乡村振兴战略就是要把提高农民收入水平作为根本任务，采取有效措施，拓展空间，深挖潜力，不断提高农民增收的质量和水平。通过抓提质增效，把优质、绿色、生态、安全的农产品生产摆在突出位置，培育农产品品牌，使好产品卖出好价钱。结合农业绿色发展，大力推广节水、节药、节肥、节电、节油技术，降低农业生产资料、人工、流通等成本。通过节本增效引导发展适度规模经营，通过扩大生产经营规模增加农民收入。把农业多功能价值发掘出来，培育休闲农业、乡村旅游、创意农业、农村电子商务等新产业、新业态，拓宽农业增收新渠道。充分利用好、整合好现有政策，多渠道实现农民工返乡创业，营造浓厚的返乡创业氛围，破解返乡创业和新产业、新业态发展的突出瓶颈，尤其要在用地、金融和培训等方面，出台一些含金量高的实招硬招，引导其成为农业农村发展的新增长点。赋予农民更多的财产权利。现在农村里还有很多资产处在沉睡的状态，还没有转化为农民的收入。要加快农村集体产权制度改革，扩大集体产权制度改革试点，把资产确权量化到户、到人，盘活农村资产，实现资源变资产、资金变股金、农民变股东，让更多农民享受到改革的红利。贫困地区虽然生产设施条件差一些，但是有山青水美污染少的优势。要在贫困地区因地制宜发展特色产业，通过发展特色产业来带动贫困人口脱贫增收。

党的十九大报告提出："深化农村集体产权制度改革，保障农民财产权益，壮大集体经济。"在当前形势下，只有不断深化农村集体产权制度改革，不断发展壮大集体经济，才能从根本上保障好广大农民群众的财产权益。从发展农村集体经济的实践来看，目前各地已经有了不少探索，比如，有的村用未承包到户的集体"四荒"地等集中开发或者通过公开招投标等方式发展现代农业项目；有的集体经济组织深挖文旅资源发展休闲农业和乡村旅游，既可以增加农民的收入，也可以实现集体增收；有的集体经济组织利用它的房屋、厂房，通过出租或者入股的方式来增加集体收入。再如，有一些地方通过整合政府资金，实现入股或参股龙头企业，或者通过村企联手开发的方式来发展集体经济。通过为农户和其他的生产经营主体提供产前、产中、产后的服务，实现农产品价值链的延长和增值，增加农民的收入，同时在这个过程中集体也会得到一些收益，为农民群众服务能力也就提高了。

第三，促进农业劳动力转移就业。2018 年的中央一号文件提出，要健全覆盖城乡的公共就业服务体系，大规模开展职业技能培训，促进农民工多渠道转移就业，提高就业质量。实施乡村振兴战略，促进农民生活富裕，就必须根据经济结构调整和劳动力市场出现的新变化，持续推动人才、技术、资本等资源要素向农村汇聚，不断提升农村劳动力技能和水平，多渠道促进农村劳动力向非农产业和城镇转移就业。

要着重加强职业技能培训，完善培训补贴政策，提高农民素质，增强农民进城务工的竞争能力。引导农民工返乡创业进行科技创新，发展在“互联网＋”基础上形成的集多种功能于一体的综合集成产业。引导农民工返乡创业与本地农民结合、与城乡各类企业结合、与各种科研机构和社会组织结合，建立多层次、多方位的合作机制，形成经营共同体和利益共同体。大力发展劳务中介组织，搞好协调服务，促进农村劳动力有序转移，确保农民收入持续快速增长。加快建立农村劳务输出的协调服务机构，健全农村劳务输出信息网络，有组织地开展农村劳务输出。完善创业担保政策，建立创业风险防范机制，为返乡下乡创业人员提供坚实后盾，减少返乡创业人员的后顾之忧。完善就业失业登记制度，为包括农村转移劳动力在内的所有劳动者免费提供就业指导信息，推进公共就业、创业服务专业化、信息化、公开化、透明化，建立健全覆盖城乡的公共就业服务体系。深化户籍制度改革，推动自身有意愿、有条件的农业转移人口在城镇有序落户，具有平等享受城镇公共服务的权利。积极探索农村宅基地集体所有权、农户资格权、宅基地及农房使用权“三权分置”，鼓励村庄建设用地整治、复垦、腾退的建设用地指标优先用于返乡下乡创业，允许利用宅基地建设生产用房创办小型加工项目。

第四，加强农村公共事业。共同富裕是中国特色社会主义的本质特征和根本要求，也是乡村振兴的必然要求和发展方向。让占人口绝大多数的乡村人口从宽裕到更为宽裕再到富裕，是实现现代化的要求。乡村振兴的出发点在于实现共同富裕的伟大愿景，要充分激发农民的主观能动性，把广大农民对美好生活的向往转化为推动乡村振兴的根本动力。

要围绕老百姓最关心、最直接、最现实的利益问题，把事情一件一件办好。推动城乡基础设施互联互通。完善交通、物流和仓储基础设施，强化水资源、能源和通信等基础保障，实施数字乡村战略，构建清洁高效能源体系，推动城乡基础设施互联互通，促进农村基础设施提档升级。积极完善农村地方互联网覆盖程度，开发“互联网+”信息产品以适应“三农”发展。深化农村能源服务体制机制创新，构建“清洁高效、多元互补、城乡协调、统筹发展”的现代农村能源体系。构建农村公共服务体系。扎实实施农村人居环境整治三年行动计划，聚焦农村垃圾、污水治理，综合提升村容村貌，坚持不懈地推进农村“厕所革命”，给农民一个干净整洁的生活环境。优先发展农村教育，重点发展农村医疗，持续优化社会保障，构建覆盖城镇、普惠共享、公平持续的基本公共服务体系。加强新型农民职业教育，建立与区域经济社会、现代产业体系和社会就业发展需求相适应、相互衔接、协调发展、开放兼容的现代职业教育体系，逐步分类推进中等职业教育免除学杂费。

四 实施乡村振兴战略有哪些基本原则？

党的十九大报告指出“农业农村农民问题是关系国计民生的根本性问题，必须始终把解决好‘三农’问题作为全党工作重中之重”。按照乡村振兴战略20字总要求，必须始终坚持7个基本原则，即坚持党管农村工作，坚持农业农村优先发展，坚持农民主体地位，坚持乡村全面振兴，坚持城乡融合发展，坚持人与自然和谐共生，坚持因地制宜、循序渐进。

（一）要坚持党管农村工作

坚持党管农村工作就是要毫不动摇地坚持和加强党对农村工作的领导，健全党管农村工作方面的领导体制机制和党内法规，确保党在农村工作中始终总揽全局、协调各方，为乡村振兴提供坚强有力的政治保障。

党管农村工作是我们党的一个传统，是实施乡村振兴战略的一个重大原则。“党政军民学，东西南北中，党是领导一切的。”农村工作在党和国家的各项工作中始终具有战略性、基础性的地位和作用，党中央也始终把农业、农民和农村问题列为各项工作的重中之重，始终坚持党对农村工作的强力领导。坚持加强和改善党对农村工作的领导是“三农”发展的政治保障。2017 年中央农村工作会议强调：“办好农村的事情，实现乡村振兴，关键在党，必须加强和改善党对‘三农’工作的领导，切实提高党把方向、谋大局、定政策、促改革的能力和定力，确保党始终总揽全局、协调各方，提高新时代党领导农村工作的能力和水平。”

（二）要坚持农业农村优先发展

坚持农业农村优先发展，就是要把实现乡村振兴作为全党的共同意志、共同行动，做到认识统一、步调一致，在干部配备上优先考虑，在要素配置上优先满足，在资金投入上优先保障，在公共服务上优先安排，加快补齐农业农村短板。

“三农”问题是关系国计民生的根本性问题。习近平总书记指出，任何时候都不能忽视农业、忘记农民、淡漠农村。党的十九大报告从全局的战略高度，明确提出坚持农业农村优先发展的理念。这是一个重大战略思想，是党中央着眼“两个一百年”奋斗目标的目标导向和农业农村短腿短板问题的问题导向做出的战略安排，表明在全面建设社会主义现代化国家的新征程中，要始终坚持把解决好“三农”问题作为全党工作重中之重，真正把它摆在优先位置。坚持农业农村优先发展，就是要不断加大对农业农村发展的支持力度，补齐农业现代化这个“四化同步”的短板，努力让农业成为有奔头的产业，让农民成为有吸引力的职业，让农村成为安居乐业的美丽家园。

坚持农业农村优先发展，是确保全面小康社会成色和社会主义现代化质量的内在要求。改革开放以后，通过普遍实行家庭承包经营制度、提高农产品收购价格放活农村经济，农民的生产积极性得到充分调动，农民收入和生活水平快速提高。进入21世纪以来，党中央始终坚持把“三农”工作摆在首要位置，提出了工业反哺农业、城市支持农村的方针，制定了统筹城乡发展的基本方略，明确把建设社会主义新农村作为重大历史任务，不断巩固强农惠农富农政策力度在农业中的基础地位，农村社会事业得到快速发展，统筹城乡发展取得重大进展。但总的来看，城乡二元结构的制度樊篱尚未根本清除，这体现在农业支持保护体系尚不完善，城乡生产生活条件差距很大，农村社区空心化和农民老龄化、村庄建设无序化、价值观念畸形化、文化低俗化、社会结构松散化、基层组织断层化等问题明显，农业转移人口的市民化还面临一系列限制等方面。当前，我国发展不平衡不充分问题在乡村最为突出，城乡二元结构是亟待破除的最突出的结构性矛盾。城乡发展失衡严重制约社会主义现代化建设，阻碍中华民族伟大复兴的实现。消灭城乡差别和实现城乡融合，使全体社会成员得到全面发展，是马克思主义经典作家的一贯思想。中国社会主义现代化的关键问题在于农民，农业强不强、农村美不美、农民富不富，决定了现代化建设的质量与成效。农业是国民经济的基础，在粮食安全、农产品供给、产业培育、市场贡献、生态贡献及其他能力方面具有不可替代的作用，实现现代化，决不能丢掉农村这一头。

坚持农业农村优先发展，必须紧扣缩小城乡发展差距这一突出矛盾。城镇和乡村是互促互进、共生共存的。能否处理好城乡关系，关乎社会主义现代化建设全局。毛泽东同志指出城乡必须兼顾，必须使城市工作和乡村工作、使工人和农民、使工业和农业紧密地联系起来。决不可丢掉乡村，仅顾城市，那是完全错误的。邓小平同志说："城市搞得再漂亮，没有农村这一稳定的基础是不行的。"当前，我国发展不平衡集中体现在城乡发展不平衡，发展不充分主要是指城乡发展不充分。2018 年，城镇居民人均可支配收入为 39 251 元，农村居民人均可支配收入仅有 14 617 元，仅是城镇居民的 37%。全面建成小康社会，建设社会主义现代化强国，必须坚持农业农村优先发展，进一步缩小城乡居民收入差距。能否实现第一个百年目标向第二个百年目标的跨越，关键还在农村。2020 年，全面建成小康社会取得伟大历史性成就，决战脱贫攻坚取得决定性胜利，乡村振兴取得重要进展。到 2035 年基本实现社会主义现代化，大头重头在"三农"，必须积极推动农村全面发展，农业全面进步，高标准实现农业农村现代化。到 2050 年把我国建成富强民主文明和谐美丽的社会主义现代化强国，基础在"三农"，必须让亿万农民在共同富裕的道路上赶上来，让美丽乡村成为现代化强国的标志、美丽中国的底色。

（三）要坚持农民主体地位

坚持农民主体地位，就是要充分尊重农民意愿，切实发挥农民在乡村振兴中的主体作用，调动亿万农民的积极性、主动性、创造性，把维护农民群众根本利益、促进农民共同富裕作为出发点和落脚点，促进农民持续增收，不断提升农民的获得感、幸福感、安全感①。

农民是农业的主体，是乡村振兴的主力军。习近平总书记指出："农村经济社会发展，说到底，关键在人；要通过富裕农民、提高农民、扶持农民，让农业经营有效益，让农业成为有奔头的产业，让农民成为体面的职业。"② 乡村发展的本质是人的发展。实施乡村振兴战略，应坚持以农民为主体地位不动摇，这是由乡村的独特属性和农业农村发展实际需要所决定的。在乡村振兴中，坚持以农民为主体，绝不能让农民成为农村改革的旁观者，而是让其参与进来，让农民能够分享更多改革所带来的红利。乡村振兴战略要靠一批真正懂农业、爱农村的人去落实。习近平总书记要求，"就地培养更多爱农业、懂技术、善经营的新型职业农民"。③

---

① 曲延春，王成利．政策演进与乡村治理四十年：1978—2018 年——以中央一号文件为基础的考察［J］．学习与探索，2018（11）：66－74.

② 习近平总书记在中央城市工作会议上的重要讲话，2015 年 12 月 20 日至 21 日。

③ 习近平总书记在参加四川代表团十二届全国人大五次会议审议时所作的重要讲话，2017 年 3 月 8 日。

要充分发挥政府、社会和市场三者的作用，也要充分落实农民的主体地位，“发挥农民主体作用”与“着力激发贫困人口内生动力”，代表了农村工作思路的一大转变。过去不管是“以城带乡”还是“以工促农”，在我国高速的城镇化发展过程中，农村总是相对“被动”地接受政策和项目，这造成了一些不符合农民实际需求、农村运营管理能力难以满足的问题。同时，单纯依靠政府财政，难以满足乡村全面振兴的资金要求。因此，会议强调这两点，实际上是要在扶贫攻坚与乡村振兴战略落实过程中，形成“两条腿走路”的局面。最关键是如何盘活以土地为代表的农村资源，赋予农民更大的财产性权利。想要发挥农民的主体作用，激发贫困人口的内生发展动力，制度上首先要解决的问题是城乡二元结构体制所带来的财产权益不平等。

（四）要坚持乡村全面振兴

坚持乡村全面振兴，就是要准确把握乡村振兴的科学内涵，挖掘乡村多种功能和价值，统筹谋划农村经济建设、政治建设、文化建设、社会建设、生态文明建设和党的建设，注重协同性、关联性，整体部署，协调推进。

“产业兴旺、生态宜居、乡风文明、治理有效、生活富裕”作为乡村振兴战略 20 字总要求，需要各方面协调发展，实现乡村全面振兴。习近平总书记指出，“实施乡村振兴战略要物质文明和精神文明一起抓，特别要注重提升农民精神风貌”。乡村振兴就是要推动农业全面升级、农村全面进步、农民全面发展，使乡村各方面建设全面推进、协调发展。要坚持乡村全面振兴，抓重点、补短板、强弱项，实现乡村产业振兴、人才振兴、文化振兴、生态振兴、组织振兴，推动农业全面升级、农村全面进步、农民全面发展。要尊重广大农民意愿，激发广大农民积极性、主动性、创造性，激活乡村振兴内生动力，让广大农民在乡村振兴中有更多获得感、幸福感、安全感。要坚持以实干促振兴，遵循乡村发展规律，规划先行，分类推进，加大投入，扎实苦干，推动乡村振兴不断取得新成效①。

（五）要坚持城乡融合发展

坚持城乡融合发展，就是要坚决破除体制机制弊端，使市场在资源配置中起决定性作用，更好发挥政府作用，推动城乡要素自由流动、平等交换，推动新型工业化、信息化、城镇化、农业现代化同步发展，加快形成工农互促、城乡互补、全面融合、共同繁荣的新型工农城乡关系。

习近平总书记强调，我们应该通过振兴乡村，开启城乡融合发展和现代化建设新局面。这表明，实现中华民族伟大复兴的中国梦，绝不允许出现一边是繁荣的城市、一边是萧条的乡村的两极分化景象，坚持走城乡融合发展道路才是实施乡村振兴战略的正确方向。彻底破除城乡二元结构机制，

---

① 张勇．坚持农业农村优先发展　全力实施乡村振兴战略［J］．宏观经济管理，2018（3）：4—11．

以城市资源辐射带动农村发展，运用农村后发优势，主动引导公共、社会资源向农村投入，同时加快补齐农村短板，彰显农村美丽乡村特色的独特吸引力①。

我国工农及城乡关系经历了从农业支持工业、农村支持城市到以工补农、以城带乡的发展过程。进入新时代，将迎来城乡融合发展的新时期。2017 年中央农村工作会议指出，走好中国特色社会主义乡村振兴道路，“必须重塑城乡关系，走城乡融合发展之路”。要坚持以工补农、以城带乡，把公共基础设施建设的重点放在农村，推动农村基础设施建设提档升级，优先发展农村教育事业，促进农村劳动力转移就业和农民增收，加强农村社会保障体系建设，推进健康乡村建设，持续改善农村人居环境，逐步建立健全全民覆盖、普惠共享、城乡一体的基本公共服务体系，让符合条件的农业转移人口在城市落户定居，推动新型工业化、信息化、城镇化、农业现代化同步发展，加快形成工农互促、城乡互补、全面融合、共同繁荣的新型工农城乡关系②。习近平总书记在党的十九大报告中强调，要“建立健全城乡融合发展体制机制和政策体系，加快推进农业农村现代化”。

（六）要坚持人与自然和谐共生

坚持人与自然和谐共生，就是要牢固树立和践行“绿水

---

① 林志鹏．乡村振兴战略需要坚持城乡融合发展的方向［J］．红旗文稿，2018（18）：23—24.

② 专家解读中央农村工作会议精神［J］．河南农业，2019（1）：1.

青山就是金山银山”的理念，落实节约优先、保护优先、自然恢复为主的方针，统筹山水林田湖草系统治理，严守生态保护红线，以绿色发展引领乡村振兴。

人与自然和谐共生是人与自然关系的理想状态，是生态文明的本质特征与核心理念。坚持人与自然和谐共生的学理依据在于人与自然是一个生命共同体，地球上的自然万物是一个生命共同体。坚持人与自然和谐共生，要对自然怀持敬畏之感和尊重、顺应、保护之心；要树立自然整体观，看到山水林田湖草的相互依存、相互联通，综合施策；要树立发展与保护统一观，全面准确领会“两山论”之精义；要注重自然价值和自然资本的保值增值，以及经济社会发展的空间均衡；要高度关切优良的生态环境这一最普惠的民生福祉，书写好生态惠民、生态利民、生态为民的文章；要达成对人类共同利益的理性共识，构建人类命运共同体。

人与自然和谐共生是生态文明建设的时代要求。生态文明是对工业文明的超越，是对我国粗放式经济发展方式的超越，因此转变经济发展方式是生态文明时期的经济发展要求。而转变经济发展方式需要改变资源短缺趋紧的局面，需要改变生态环境恶化状况，需要满足人民日益增长的美好生活需要。[①] 要充分认识生态价值，牢固树立人与自然和谐共生的绿色发展理念。

---

① 冯留建，韩丽雯．坚持人与自然和谐共生 建设美丽中国［J］．人民论坛，2017（34）：36—37.

人与自然和谐共生是生态文明建设的本质特征。通过生态文明建设使人类的生产方式、生活方式、消费方式与自然生态系统相互协调，最终实现人类的可持续发展，其根本目的是实现人与自然和谐共生，使人类更加幸福。新时代生态文明建设应牢固树立尊重自然、顺应自然、保护自然的生态文明理念。生态文明建设关系到人民的根本利益和中华民族的长远利益。

人与自然和谐共生是实现中华民族永续发展的根本保障。生态兴则文明兴，生态衰则文明衰。人与自然和谐共生是解决人与自然关系的最佳方案，是保护生态环境的思想基础，关系人民的根本利益和民族发展的长远利益。生态环境没有替代品，保护生态环境，功在当代、利在千秋。人与自然和谐共生，客观要求倡导绿色发展理念。绿色发展理念是正确处理经济发展与生态环境保护之间关系的思想基础，在经济发展的各方面融入绿色发展理念，推动形成绿色发展方式和生活方式，是实现中华民族永续发展的根本保障。

（七）要坚持因地制宜、循序渐进

坚持因地制宜、循序渐进，就是要科学把握乡村的差异性和发展走势分化特征，做好顶层设计，注重规划先行、因势利导，分类施策、突出重点，体现特色、丰富多彩。既尽力而为，又量力而行，不搞层层加码，不搞一刀切，不搞形式主义和形象工程，久久为功，扎实推进。

我国农村区域广阔、类型复杂。实施乡村振兴战略，一定要走符合广大农村实际的路子，遵循乡村发展规律，因地制宜、因势利导，保留乡村特色风貌。乡村振兴要坚持遵循乡村发展规律，扎实推进美丽宜居乡村建设。乡村振兴战略分别设定了 2020 年、2035 年、2050 年的目标任务，尽管 2020 年乡村振兴各项工作已取得重要进展，但完成这些任务仍是一个长期的过程，必须一步一个脚印，踏踏实实、循序渐进。正如 2017 年中央农村工作会议所指出的："实施乡村振兴战略是一项长期的历史性任务，要科学规划、注重质量、从容建设，不追求速度，更不能刮风搞运动。"

五 乡村振兴战略的目标任务和路径选择是什么？

（一）乡村振兴战略的发展目标

2020年，乡村振兴取得重要进展，制度框架和政策体系基本形成，各地区、各部门乡村振兴的思路举措得以确立，全面建成小康社会的目标如期实现。到2022年，乡村振兴的制度框架和政策体系初步健全。国家粮食安全保障水平进一步提高，现代农业体系初步构建，农业绿色发展全面推进；农村一二三产业融合发展格局初步形成，乡村产业加快发展，农民收入水平进一步提高，脱贫攻坚成果得到进一步巩固；农村基础设施条件持续改善，城乡统一的社会保障制度体系基本建立；农村人居环境显著改善，生态宜居的美丽乡村建设扎实推进；城乡融合发展体制机制初步建立，农村基本公共服务水平进一步提升；乡村优秀传统文化得以传承和发展，农民精神文化生活需求基本得到满足；以党组织为核心的农村基层组织建设明显加强，乡村治理能力进一步提升，现代乡村治理体系初步构建；探索形成一批各具特色的乡村振兴模式和经验，乡村振兴取得阶段性成果。到 2035 年，乡村振兴取得决定性进展，农业农村现代化基本实现。农业结构得到根本性改善，农民就业质量显著提高，相对贫困进一步缓解，共同富裕迈出坚实步伐；城乡基本公共服务均等化基本实现，城乡融合发展体制机制更加完善；乡风文明达到新高度，乡村治理体系更加完善；农村生态环境根本好转，生态宜居的美丽乡村基本实现。到 2050 年，乡村全面振兴，农业强、农村美、农民富全面实现。

第一步：2018—2020 年，构架了基础制度，打赢了决胜脱贫攻坚战。

回顾过往，2018 年是实施乡村振兴战略的开局之年。当时按照第一步到 2020 年的基本要求，这个阶段主要解决两方面的问题：一是形成全面系统的乡村振兴制度框架以及政策体系，二是助推决胜脱贫攻坚战。

第一，全面推进乡村振兴制度创新和政策体系建设，形成完善的制度框架。乡村振兴涉及农村的经济、政治、文化、社会、生态等方方面面，需要从全局上进行制度设计。从整体上看，这一阶段从总体上协调推进了各方制度设计，用一个制度去助推带动另一个制度，做到了 1 加 1 大于 2 的效果，在乡村振兴战略的开局之年打好了漂亮的关键战役。在此基础上，注重政策体系平台的搭建，使之成为源源不断提供制度创新的源泉。

第二，决战决胜脱贫攻坚战。中国作为世界上最大的发展中国家，同样具有人均收入不高、区域发展不平衡、城乡二元结构突出等一系列发展中国家的通病。党的十八大以来，在党的领导下，全国上下奋力打赢脱贫攻坚战取得了决定性的成效。这是实施乡村振兴战略的最基本要求也是前提条件，还未脱离贫困，乡村就谈不上振兴。在具体脱贫攻坚事宜上，这一阶段高度注重政策实施后的多方反馈，及时矫正和防范政策突出的问题，时刻总结扶贫经验，不能让贫困问题制约未来乡村振兴的实施。

第二步：2021—2035年，坚持特色振兴路，系统攻克大难题。

党的十九届五中全会的召开，开启了全面推进乡村振兴的新征程。作为实施乡村振兴战略的第二步，重点要在第一步已经建立的制度框架下，走好中国特色社会主义乡村振兴道路，统筹解决城乡二元矛盾、集体经济的实现、农业供给侧结构性改革、绿色发展、文化传承、乡村治理等重大农村问题①。

第一，推动城乡融合发展，破除城乡二元结构。随着工业化、城镇化的快速推进，城市发展日益繁荣，而乡村却面临衰败的可能，迫切需要通过重塑城乡关系，建立城乡融合发展体制机制，破除城乡二元结构机制，让农村、农民、农业能够分享城市发展所带来的红利。在推动城乡融合发展的进程中，农村“交通革命”是基础，也是重点。通过“交通

① 王亚华．乡村振兴“三步走”战略如何实施［J］．人民论坛，2018（10）：72—74．

革命”，农民可以开拓视野“走出去”，参与更加丰富的社会分工；城市居民可以“引进来”，感受乡村大好宜居生活的同时，有效带动当地农民增收。

第二，创新集体经济的实现模式，巩固和完善农村基本经营制度。不断探索在家庭联产承包责任制、统分结合的双层经营体制的基础上，符合中国特色社会主义国情的农村集体经济实现模式。在坚持土地集体所有、稳定土地承包关系的基础上，创新土地经营方式，不断巩固和完善农村基本经营制度，破除阻碍农村经济发展的桎梏，不断发展壮大农村集体经济。

第三，推动农村供给侧结构性改革，调整农业产业结构。我国农村长期面临人多地少、农业发展效益低下的问题，农产品多数面临供需错配、附加值低的现状。在保障粮食安全的基础上，通过大力实施农村供给侧结构性改革，优化农村产业结构，大力发展适度规模种植与农业社会化服务相结合的现代农业经营体系，推动农产品大量“走出去”，为小农户提供大市场，确保农民持续增收。同时，结合现代化科学技术，推动如“互联网＋农村”等科技理念落地落实，有效解决供需错配、产销失衡的农业困境，助力乡村持续向好发展。

第四，全域推进绿色发展，保障人与自然和谐共生。过去为在短时间内快速提高我国综合国力，采取了粗放式、高能耗、高污染的发展模式，给我国的生态环境带来了较大的破坏。农村由于特殊的历史地位，发展远落后于城市。垃圾、污水、粪便等污染物，还有农村普遍存在的焚烧秸秆的现象，都严重损害了农村的生态环境。未来必须转变发展模式，总体上走集约型、低污染、低能耗的绿色发展路子，推动农村全域绿色发展，努力把乡村打造成为一个“城里人愿意住进去，本地人愿意留下来”的宜人居所。

第五，重振乡村文化，实现乡村精神振兴。进入新时代，随着人民物质文化需要逐渐被满足，精神层面需要的重要性正逐步凸显。农村生活逐渐实现小康，物质条件也不断改善，但文明的乡风、良好的家风、淳朴的民风却在逐步衰退，严重阻碍了农村现代化建设，迟滞了乡村全面振兴实施进度。重振乡村文化，要同步抓好物质文明和精神文明两部分，让中华民族璀璨的乡村文化绽放新的光彩。

第六，创新乡村治理体系，营造治理有效乡村新面貌。伴随农业产业不断兴盛、农村经济不断壮大、农民收入不断增长，农村地区却出现了部分治理危机，村容、人文、生态环境等衰势已显，迫切需要创新乡村治理体系，应对乡村治理危机。要注重将乡村传统治理资源与现代理念结合起来，以自治化解矛盾，以法治定分止争，以德治春风化雨，努力探索政府负责、社会协同、公众参与、法治保障与村民自治的良性互动机制，以实现农村社会的善治。

第三步：2036—2050 年，文化重振促发展，决胜攻坚得振兴。

展望 2035 年，中国农业农村将基本实现现代化，乡村振兴将进入最后的决胜阶段。前两个阶段所遗留下来未能解决的顽疾都将在此阶段得到解决，此阶段也将根据前期乡村振兴实施的效果和具体情况做出一系列调整。作为乡村振兴的最后关键一步，必须针对重点难点，展开决胜攻坚。

在此阶段需要重点攻克乡村文化、生态环境、社会治理三大难题，其中的关键难点在于乡村文化。振兴乡村文化是一个长期系统工程，并不是朝夕之间就可以完成的，需要从人才、思想、道德、综合素养等多方面加以引导，同时完善基层设施建设，打造各类文化角，营造文化氛围，再加以长期综合的培养，最终才能实现乡村文化的振兴。因此乡村文化的振兴是此阶段的关键内容，必须集中力量加以攻克。在乡村文化实现振兴的基础上，乡村生态环境、社会治理等方面都会得到巨大的改善，由此人、自然、社会的良性互动与循环就能在乡村中得以形成，最终使乡村实现从物质到精神的全面振兴。

（二）乡村振兴战略的路径选择

第一，重塑新时代城乡关系，走城乡融合发展之路。党的十九大报告提出，建立健全城乡融合发展体制、机制和政策体系。2018 年中央农村工作会议又将“重塑城乡关系，走城乡融合发展之路”摆在乡村振兴的重要位置。2018 年中央一号文件中阐述了实施乡村振兴战略的基本原则，其中之一就是“坚持城乡融合发展”。城乡是联动的共同体，融合发展是大逻辑。乡村振兴与推进城镇化不是非此即彼，而是互促共进、相辅相成。要坚持乡村振兴与新型城镇化一起抓，两个轮子一起转，处理好“走出去”“留下来”和“引回来”的关系。让进城的人进得放心，留在乡村的人留得安心。要创造条件让农村的产业、环境、机会留住人。

一是以体制机制创新为动力。增强城乡要素互动。通过政府看得见的手和市场看不见的手，构筑工业化、信息化、城镇化对农业现代化的推动机制，带动资金、技术、人才、土地等要素向农村流动，加快城乡投资一体。综合应用经济、法律和行政等手段，通过规划引导、政策扶持等有效措施，弥补市场的不足。拆除制约城乡融合互动的樊篱。加快完善金融监管体制，科学推进证券、银行、金融服务等行业改革创新。以现代农业发展的金融需求为导向，建立激励与约束并重的机制，落实金融机构支农责任[①]。多措并举，推动乡村治理。构建乡村治理的法治体系，加快完善相关法律法规，系统构建乡村治理的法治体系。鼓励农民自愿结合组成各种社会经济组织，宣传健康文明的生活方式，逐步养成文明、科学、健康的生活方式。

二是以能动要素流通为基础。城乡要实现融合发展，必须依赖城与乡的不同要素相互流通、相互交换、相互渗透、相互补充，形成人力流、资金流、信息流、技术流、产品流等。畅通要素流通渠道，实现在城乡融合发展中道路畅通。农村的要素，比如优质农产品、优质环境空间、优质传统文

---

① 薛桂霞，钟钰．我国“四化”协调发展的内在关系研究［J］．农村经济，2015（1）：93—97.

化、优质“三农”人员等要能充分形成，这是要素流动的资本。要素能自由、能动、自主、自愿流动，使城乡要素之间彼此形成需求和市场。要素能发挥效益，各种要素在充分、能动、自由流动之后，能形成比较优势，产生单方面在城或乡的地域空间中溢出的经济效益。

三是以凸显乡村价值为关键。凸显乡村内生价值是构成新型城乡关系的关键内容。要明确乡村价值的内涵。乡村价值不同于城市价值，它是建立在乡村地域、乡村资源、乡村特色、乡村优势、乡村产品、乡村文化等基础上的物质与精神价值。要探索实现乡村价值的途径。众多的乡村价值固然存在，如何像城市繁华地段的土地一样凸显其自身价值，如何形成价值高地并与周边城市、区域乃至全球发生价值关联与交换值得深入探索。要使乡村价值显化，要像城市 CBD 的楼宇一样确立乡村自身价值，实现货币化、流通化、资本化，以此为前提实现城乡要素能动流通与交换。

四是以升值农民财富为根本。党中央实施乡村振兴战略，推进农业农村优先发展，最重要的目的之一就是要提高农民的收入和财富，让广大农民分享改革和发展所带来的红利，从而使其拥有与城市居民平等的发展权利。当前，城市居民获得财富的途径与速度远高于农业人口，无论是住房、商铺、写字楼，还是股票、理财、基金等，其在财富积累的质量、数量、速度，以及财富管理与支配的渠道、领域和机会方面均与农民存在巨大差别。经济活动的开展依赖的是人，财富获得、管理与消费的主体也是人，只有赋予人这个主体更多的获得权和支配权，经济活动才能更加繁荣。因此，要尽快打通和开创农民自身财富升值的快速通道，使其像城市居民一样利用差异化资源获取更多的收入和财富，拥有自主财富管理、自主选择消费的权利，反过来进一步促进城乡要素流动和融合发展。

第二，巩固和完善农村基本经营制度，走共同富裕之路。农村基本经营制度是我国改革开放取得的第一个制度性成果。巩固和完善农村基本经营制度是我们党各项农村政策的根基。党的十九大报告提出“实施乡村振兴战略”，强调要“巩固和完善农村基本经营制度”，对于我国走中国特色社会主义道路、解决“三农”问题有着不可替代的重大战略意义。

一是巩固完善农村基本经营制度。深化农村土地制度改革，完善承包地“三权”分置制度。党的十九大报告强调在保持土地承包关系稳定并长久不变的基础上，明确提出第二轮土地承包到期后再延长三十年，这在一定程度上为推进农业规模化经营和可持续发展的土地承包者和经营者提供了稳定的预期，给他们吃了定心丸，避免了土地承包者和经营者在土地上竭泽而渔的短期行为，增强了他们保护土地资源、增加资本投入的信心。[①]

二是深化农村集体产权制度改革。有恒产者有恒心。要

---

① 唐任伍．新时代乡村振兴战略的实施路径及策略［J］．人民论坛·学术前沿，2018（3）：26—33.

切实保障农民财产权益，不断壮大集体经济。深化乡村改革，增加以完善产权制度和要素市场化配置为重点的制度性供给，激活主体、要素和市场的活力，提升农村的市场化程度，重点提高“土地”这一农村最重要、最基本生产要素的市场活力，形成所有权、承包权、经营权“三权”分置的市场格局。通过放活经营权，使土地成为农村农民最活跃、回报最丰厚的要素，有效增加农民的财产性收入，壮大乡村集体经济。

三是发展多种形式适度规模经营。培育新型农业经营主体，健全农业社会化服务体系，实现小农户和现代农业发展有机衔接。构建农村一二三产业融合发展体系，如将乡村文化融入农产品之中，打造乡村品牌；延伸农业产业链，集农产品休闲加工于一体；借助互联网宣传观光农业、休闲农业、创业农业等，让农业发展形成新业态、迸发新活力。全面提升农民的生产技术水平，加大在知识帮扶、技术帮扶等领域的投入，让农民的土地在适度规模经营的基础上实现更多的产出和收益。促进农村多种业态融合发展，激活乡村发展新动能，在深度和广度上有效拓展农民增收新空间。

第三，深化农业供给侧结构性改革，走质量兴农之路。农业发展要以质量提升为抓手。2018 年中央一号文件提出明确目标：到 2020 年，农业综合生产能力稳步提升，农业供给体系质量明显提高，农村一二三产业融合发展水平进一步提升；到 2035 年，农业结构得到根本性改善；到 2050 年，农业强的目标全面实现。这就要求我们必须以农业供给侧结构性改革为主线，加快改革步伐，坚持走质量兴农之路，加速提升农业创新力、竞争力和全要素生产率，加快实现由农业大国向农业强国转变。

一是夯实农业生产能力基础。深入实施藏粮于地、藏粮于技战略，严守耕地红线，确保国家粮食安全。推进农村土地整治和高标准农田建设，稳步提升耕地质量。加强农田水利建设，提高抗旱防洪除涝能力。实施国家农业节水行动，加快灌区续建配套与现代化改造。加快建设国家农业科技创新体系，深化农业科技成果转化和推广应用改革。加快发展现代农业种业，提升自主创新能力。推进我国农机装备产业转型升级，加强科研机构、设备制造企业联合攻关，发展高端农机装备制造。优化农业从业者结构，加快建设知识型、技能型、创新型农业经营者队伍。大力发展数字农业，推进物联网试验示范和遥感技术应用。

二是推进质量兴农战略实施。制定和实施国家质量兴农战略规划，建立健全质量兴农评价体系、政策体系、工作体系和考核体系。深入推进农业绿色化、优质化、特色化、品牌化，调整优化农业生产力布局，推动农业由增产导向转向提质导向。建设现代农业产业园、农业科技园。实施产业兴村强县行动，推行标准化生产，培育农产品品牌。优化养殖业空间布局，大力发展绿色生态健康养殖，做大做强民族产业。建立产、学、研融合的农业科技创新联盟，加强农业绿色生态、提质增效技术研发应用。实施食品安全战略，完善农产品质量和食品安全标准体系，加强农产品质量安全追溯体系建设，健全农产品质量和食品安全监管体制，重点提高基层监管能力。

三是发挥科技引领作用。实现农业农村现代化，要充分利用一切适宜的科学技术成果。发挥科技引领作用，可以实现农业发展的弯道超车，迅速提高农业农村发展水平，缩小城乡差距。进一步加大对农业科学技术的支持力度，增加科技资金投入，完善农业科技创新体系、科技成果运用推广体系，不断为农业农村发展注入新的活力。综合运用社会资本力量，广泛吸纳私人资本投资，加大对农村环境保护、农村治理、产业发展等各个方面的资金投入，切实提高社会资本利用率。积极探索农业与现有科技成果结合方式，如将互联网、物联网等较为完善的先进技术运用至农业，提高农业的科技含量，让农民更多地享受科学技术所带来的便利和实惠，推动农业高质量发展。

第四，坚持人与自然和谐共生，走绿色发展之路。乡村振兴，生态宜居是关键，生态振兴是根本。“绿水青山就是金山银山”，良好生态环境是乡村最大优势和宝贵财富。必须尊重自然、顺应自然、保护自然，推动乡村自然资本加快增值，实现百姓富、生态美的统一。

一是统筹山水林田湖草系统治理。把山水林田湖草作为一个生态共同体，进行统一保护、统一修复。实施重要生态系统保护和修复工程，分类有序退出超载的边际产能。扩大耕地轮作休耕制度试点。实行水资源消耗总量和强度双控行动。开展河湖水系连通和农村河塘清淤整治，全面推行河长制、湖长制。加大农业水价综合改革工作力度。开展国土绿化行动，强化湿地保护和恢复，继续开展退耕还湿。完善天然林保护制度，把所有天然林都纳入保护范围。扩大退耕还林还草、退牧还草，建立成果巩固长效机制。

二是加强农村突出环境问题综合治理。加强农业面源污染防治，开展农业绿色发展行动，实现投入品减量化、生产清洁化、废弃物资源化、产业模式生态化。推进有机肥替代化肥、畜禽粪污处理、农作物秸秆综合利用、废弃农膜回收、病虫害绿色防控工作。加强农村水环境治理和农村饮用水水源保护，实施农村生态清洁小流域建设。推进重金属污染耕地防控和修复，开展土壤污染治理与修复技术应用试点。实施流域环境和近岸海域综合治理。加强农村环境监管能力建设，落实县乡两级农村环境保护主体责任。

三是建立多元化生态补偿机制和绿色发展补贴制度。落实农业功能区制度，加大重点生态功能区转移支付力度，完善生态保护成效与资金分配挂钩的激励约束机制。健全地区间、流域上下游之间横向生态保护补偿机制。推行生态建设和保护，以工代赈提供更多生态公益岗位。进一步采取有效激励模式，引导包括农民在内的参与者主动采取集约型、低污染、低能耗的绿色生产方式。定期开展生态培训，组织各参与主体进行学习，稳步提高受训人员的生态文明意识，让绿色发展理念深入人心。

四是增加农业生态产品和服务供给。正确处理开发与保护的关系，逐步传达人与自然和谐共处的理念，充分运用乡村生态优势，结合现代高新科技，不断探索新的结合模式，竭力实现将乡村的生态优势转变为经济绿色发展优势，营造“生态护住了、经济发展了、农民幸福了”的“三赢”局面。提供更多绿色生态产品和服务，积极开发观光农业、游憩休闲、健康养生、生态教育等服务，满足人们对食品安全、环境可持续性以及田园乡村等新诉求，促进生态和经济良性循环。

五是大力开发和推广农业绿色发展生物技术。引导和支持科研部门在资源高效利用、农业生态修复等方面的基础性研究，建立产、学、研、推一体化的发展模式。重点攻克提质增效绿色科技的研发工作，彻底解决秸秆焚烧、畜禽粪污处理等农村留存已久的难题。推进农业可再生循环利用技术研发，加强对耕地重金属污染治理力度，引导农民使用可降解农膜、采取节水灌溉技术等绿色生产方式，形成推广绿色农业发展模式。

第五，传承发展提升农耕文明，走乡村文化兴盛之路。实施乡村振兴，文化振兴是灵魂。我们有历史悠久的农耕文明，它是顺应天时、市场和时代，与先进的商业文明完美结合的产物，是推进社会发展的重要动力，是中国的乡村之梦。乡村文化是我国社会文化体系的重要组成部分，凝聚着乡土人文之美，是乡村振兴的灵魂。振兴乡村文化，焕发乡村文明新气象，需要突出做好新时代乡村振兴的“四化”文章。

一是做好“教化”文章。随着乡村振兴尤其是脱贫攻坚向纵深推进，有的地方重“口袋”、轻“脑袋”现象比较突出，甚至出现“口袋鼓得快，脑袋还瘪着”的现象。比如，贫困竟然成为少数人的“底气”，“帮扶干部如果不帮我脱贫，你们就走不掉”，理直气壮等帮扶。“凡教化之不立，而万民不正也。”治理以教化为本。要广泛深入持久开展思想教育工作，坚持教育引导、实践养成、制度保障三管齐下，以农民喜闻乐见的方式，深化中国特色社会主义和中国梦宣传教育，弘扬民族精神和时代精神，特别是要让习近平总书记关于“幸福都是奋斗出来的”等重要思想家喻户晓、入脑入心，使大家都真正明白，无论是脱贫还是致富，“绝不是轻轻松松、敲锣打鼓就能实现的”，必须付出更为艰巨、更为艰苦的努力，必须自强不息、自力更生、不等不靠，从而点亮农民的精神世界，激发其内生动力。

二是做好“转化”文章。当下，农村的日子一天比一天好了，但一些地方风气并未随之好转，传统美德失灵，公序良俗失效，陈规陋习盛行，如婚丧大操大办、搞封建迷信、铺张浪费等。鉴于此，要以培育和践行社会主义核心价值观为根本，大力加强农村思想道德建设，大力开展移风易俗、弘扬时代新风行动，把广大农民对美好生活的追求，转化为崇尚文明、艰苦奋斗的动力；把乡村振兴过程中，经济发展向上向好的景气，转化为社会风气向善向美的景象；把农耕文明的优秀遗产，转化为“仓廪实而知礼节、衣食足而知荣辱”的道德基石。

三是做好“净化”文章。党的十八大以来，农村生活环境普遍得到明显改善，但还有不少地方存在违规乱占、农房乱建等情况，有新房没新村，有新村没新貌；一些地方依然是“垃圾靠风刮、污水靠蒸发”，随时随地随便扔垃圾等不文明行为屡见不鲜。“人能改变环境，环境也能改变人。”提高乡村文明程度，需要发动农村群众持续开展生产生活环境整治提升行动，着力推动农村厕所、垃圾、污水整治“三大革命”，治理脏乱差，建设洁齐美。同时，要继续加大农村文化设施建设。要引导文化产品和服务向乡村倾斜，既丰富农民精神生活，也不断巩固传统阵地，占领新兴空间，涤荡“精神雾霾”，让乡村“蓝天更蓝、明月更明”。

四是做好“固化”文章。普遍出现的问题要从制度上寻对策，反复发生的问题要从规律上找原因。从根本上焕发乡风文明新气象，还需要坚持自治、法治、德治“三治”相结合，特别要把握乡村是“熟人社会”这一特征，让农民自己说事、议事、主事，善于用乡规民约把好风气固定下来、坚持下去。“百里不同风，十里不同俗。”要注重地域特色，深入开展“传家训、立家规、扬家风”活动，广泛发动乡村按照核心价值观的要求，制定和完善乡规民约、村规民约，增加体现新时代特征的内容，强化正确价值导向，使农民群众内心有尺度、行为有准则。要健全和完善红白理事会等群众自治组织，发挥他们定分止争、调协邻里作用，提高农民群众自我约束、自我管理、自我服务、自我提高能力。

第六，创新完善乡村治理体系，走乡村善治之路。乡村是我国经济社会发展的重要基础。党的十九大报告提出，健全自治、法治、德治相结合的乡村治理体系。这对乡村治理提出了更高的要求：一方面，要进一步探究挖掘农耕文明优秀历史文化，培育良好的乡风、家风、民风；另一方面，要建立健全党委领导、政府负责、社会协同、公众参与、法治保障的社会治理体制，同时把“三治”结合起来，共同推动建立乡村现代社会治理体制。

一是强化农村基层党组织建设。2018 年《中共中央国务院关于实施乡村振兴战略的意见》指出，扎实推进抓党建促乡村振兴，突出政治功能，提升组织能力，抓乡促村，把农村基层党组织建成坚强战斗堡垒。通过探寻建立新的农村基层党组织架构，彰显农村党员的模范带头作用。坚持健全完善第一书记派驻制度的方针战略，充分发挥第一书记在贫困村的组织带动作用。加大对高校优秀毕业生选拔的引导，促使大量有志青年到广阔农村天地大展拳脚。加大农村党员发展力度，让农村优秀青壮年有更多的机会向党组织靠拢，不断为基层党组织注入新鲜血液。加大对腐败的惩治力度，营造廉洁清明的政治风气。

二是深化村民自治实践。村民自治制度作为中国特色社会主义民主政治必要环节，对建立现代乡村治理体系具有重大意义。通过村民自治，充分掌握村民内心最真实的诉求，保障村民合法权益，同时进一步激发农村的活力。政府部门可通过引导农村的组织、个体正确参与农村事务，来进一步提高村民的自治水平。但自治也不是完全放任不管，正确的模式应该是基层党组织充分发挥其堡垒作用，推进政务更加公正透明，领导农村各类人才、群体可以更好地参与到乡村治理中，不断探索村民自治与党组织带头领导的有效结合模式。

三是建设法治新乡村。建立健全乡村法制治理体系结构，让法治理念深入民心。引导培训广大农民“知法、守法、用法”，培育村民法治意识，强化法律在维护农民合法权益上的地位。加大农村基础公共法律服务体系建设，为需要用法律武器捍卫自身权益的农村群体、个人提供有效的法律援助服务。进一步处理好农村中软法与国家法律法规的关系，以我国基本法律法规为指导，引导农民修订村规民约，以更好地落实法律在村民日常生活中的引领作用。同时农村基层政府应当带头维护法律的权威，在基层治理过程中时刻不忘运用法律来解决问题，让广大农民群众切实感受到法律的神圣性、优先性、有效性。

四是提升乡村德治水平。通过建立乡村文化讲堂、文化广场、文化馆等一系列基础文化设施，大力实施乡村文化惠民工程，培育和弘扬社会主义核心价值观，提升广大农民群众的文化道德素养。深入挖掘乡村熟人社会的道德规范，探寻乡村治理与道德规范的有效结合模式，创新“道德模范”“先进个体”等行之有效的结合方式，充分利用乡村自身所蕴含的道德规范来促进乡村德治框架的建立健全。同时，不断加强乡村精神文明的建设，对中国传统乡村文化“取其精华去其糟粕”，弘扬优秀传统乡村文化，以文养德，提升乡村德治水平。

第七，打好精准脱贫攻坚战，走中国特色减贫之路。“贫困不是社会主义”，消除贫苦，实现共同富裕，是社会主义的本质要求，也是我们党的初心和使命。乡村振兴的根本在于实现乡村的繁荣富强，打赢精准脱贫攻坚战是乡村振兴的前提条件和本质要求。

一是精准帮扶贫困人口。对于四肢健全、具有完全劳动能力的贫困人口，应加强对他们的技能培训，着重采用产业扶持和就业扶持等可持续性扶贫政策，使这类人口具有稳定的收入来源，避免返贫现象发生。对于完全或部分丧失劳动力的贫困人口，应加大政府转移支付力度，拓宽社会保障覆盖范围，确保这类贫困人口衣有所穿、饭有所食、病有所医，确保顺利脱离贫困线。对于由生活生产环境恶劣所导致的贫困人口，应加快异地搬迁工作。

二是聚焦深度贫困地区。充分探寻深入挖掘深度贫困地区的贫困原因，“量身定做”专属脱贫方案，做到有针对、有目标的精准脱贫，全面改善深度贫困地区生产生活条件。各级政府应加大扶贫资金整合力度，增加深度贫困地区的资金投入，各类项目落地、人才引进、发展建设等指标应更多地向深度贫困地区倾斜，改善落后的发展局面。

三是激发贫困人口内生动力。要把对贫困人口的扶贫、扶志、扶智“三扶”结合起来，充分激发贫困人口的主观能动性，推动主观意愿从“他们想让我脱贫”到“我想脱贫”的转变。加快推进精神脱贫，引导贫困人口克服“等、靠、要”思想，激发其内生动力。加大对贫困人口的生产、生存技能培训，通过对优秀脱贫户的奖补机制，鼓励通过个人经营生产实现脱贫致富。

四是强化脱贫攻坚责任和监督。坚持“中央统筹、省负总责、市县抓落实”的工作机制，强化党政一把手负总责的责任制①。一方面坚决做好精准脱贫工作中的责任分工，让任何一环出了问题都有人负责，有责可循。另一方面建立完善的考评机制，形成一整套行之有效的激励机制；同时抓好精准脱贫过程监管，对每一笔扶贫资金的去向、扶贫人员的行为、扶贫成果的评估以及返贫现象发生严格把关，强化整个扶贫过程的全面监管，避免出现消极怠工、腐败等不良风气。

（三）乡村振兴战略的阶段性重点任务

实施乡村振兴战略，有不少必须完成的阶段性重点任务，归纳起来就是要坚持农业农村优先发展总方针，以实施乡村振兴战略为总抓手，对标全面建成小康社会“三农”工作必须完成的硬任务，适应国内外复杂形势变化对农村改革发展提出的新要求，抓重点、补短板、强基础，围绕“巩固、增强、提升、畅通”深化农业供给侧结构性改革，坚决打赢脱贫攻坚战，充分发挥农村基层党组织战斗堡垒作用，全面推进乡村振兴。

---

① 袁彪．基于精准扶贫视角下的乡村振兴发展路径探索［J］．农业经济，2018（7）：47—48.

一是确保国家粮食安全。必须确保国家粮食安全是乡村振兴的基本要求，任何时候都不能轻视粮食生产。习近平总书记反复强调：“对我们这样一个有14亿的人口的大国，手中有粮，心中不慌，任何时候都是真理；中国人的饭碗必须牢牢端在自己手上，我们的饭碗应该主要装中国粮。”当前我国面临的外部环境日益严峻，经济增长放缓，下行压力较大，粮食问题作为国之根本，必须牢牢守住“三农”这个战略后院，发挥好“三农”压舱石作用。虽然近年来，我国粮食产量大幅度增长，但我们也应注意到我国的粮食生产能力还需进一步稳固，同时我国对粮食的需求量也在逐步增加。虽然当前我国粮食供给总量比较充裕，但粮食库存结构的变化仍值得高度重视，这几年玉米库存下降很快，而稻谷，主要是粳稻积压较多，农业上并不是各种粮食的供应都很充裕，必须进一步重视粮食生产，把好国家粮食安全大关。必须从战略上看待和把握粮食安全问题，全面实施好藏粮于地、藏粮于技战略，确保谷物基本自给、口粮绝对安全。要毫不放松抓好粮食生产，确保粮食播种面积稳定在16.5亿亩，2020年，建成8亿亩高标准农田的目标已实现。统筹推进农业供给侧结构性改革，充分用好国际、国内两个市场，确保我国粮食安全。

二是大力发展乡村产业。乡村振兴发展产业是根本，通过产业振兴，才能让农业得以进一步发展，才能使农民实现增收致富，才能让农村留住人、引来人。传统的乡村产业具有几大劣势：产业链短、附加值低、创造的就业岗位少。其中每一点都是造成农村穷、留不住人的因素。随着现在农村基础设施的不断改善，交通、物流、互联网基本实现全覆盖，农村拥有越来越多、越来越好的机会发展二三产业，加快推动农村新产业发展，做大做强集体经济，推行适度化规模种植，大力发展现代种养业、农产品加工业，推进一二三产业融合发展，不断延伸农业产业链。同时积极引入外乡人，通过积极的产业政策、人才政策，吸引外出农民工、高校毕业生等有志人员返乡创业，集中社会各界力量，实现乡村产业振兴，推动乡村全面振兴。

三是着力改善农村人居环境。改善农村人居环境，打造绿色生态新乡村，是实施乡村振兴战略的重点任务。目前，影响农村生活质量的最主要因素体现在农村生活环境上，农村的生活垃圾、污水的处理基本靠“天”，“垃圾靠风刮，污水靠蒸发”的模式已成为农村的通病，城里人不愿去、务工者不愿回，主要还是因为农村的生活环境、村容村貌差。破除农村生活环境通病，改善农村人居环境，不仅能解决农村“空心化”的问题，还能使得农村加快实现现代化的历史飞跃。习近平总书记多次作出重要批示，要求总结推广浙江“千村示范、万村整治”工程经验，抓紧抓实农村人居环境整治工作。2018 年中央出台了《农村人居环境整治三年行动方案》，对此作出了系统部署。2019 年和 2020 年，全国深入学习推广浙江“千万工程”经验，推进农村垃圾污水治理、“厕所革命”和村容村貌改善，开展村庄清洁行动，探索适用的整治模式，完善多元投入机制，确保完成三年行动方案确定的目标任务。农村人居环境整治是一个长期的、复杂的任务，必须坚持不懈、持之以恒地推进，力争早日改善农村人居环境，实现农村美、农民富、农业强的乡村新风貌。

四是改善农村基础设施和公共服务。城乡发展不平衡，重点凸显在城乡基础设施和公共服务发展不平衡。近几年，国家不断加大对农村基础设施建设的投入，农村的基建质量、公共服务已有较为明显的改观。但不可否认的是，与城市相比，农村的基建设施仍比较落后，亟待进一步提升。例如农村的公路建设，虽然已经基本实现村村通公路了，但是目前农村公路大多只是通到行政村，许多通组道路、村内道路还未硬化。这同时带来农村物流设施发展缓慢的问题，缺乏配送网点，许多优质农产品无法顺利运输至外地销售；农村教育医疗问题突出，学校、卫生院的缺乏导致农村上学、看病成为一大难题，多数地区农村子女上学需到相邻的县城就读，农村人口看病需要到较远的卫生院就诊，同时教育、就医的质量也普遍偏低；农村的电力系统还有待完善，动力电还未能实现全覆盖，导致就算有企业想到农村发展，但由于动力电系统不完善，使得企业无法正常运作，也只能望而却步。同时，农村在社会保障、养老、文化体育等多个方面与城市的发展还存在不小差距。农村的基础设施和公共服务虽然不可能在短时间内就能达到国际先进水平，但是必须持续着力，不断完善，力争早日使农村居民过上和城市居民一样的日子，享有相同的公共服务水平。

五是完善乡村治理体系。实施乡村振兴战略要求建成产业兴旺、生态宜居、乡风文明、治理有效、生活富裕的新农村，其中乡风文明和治理有效均是涉及乡村治理的内容，由此可见乡村治理的重要性。目前，我国乡村仍采用传统的治理方式和手段，导致乡村治理效果较差，乡村治理体系还比较薄弱。基层党组织方面普遍存在干部队伍老化，对新观念、新理念的接受能力较弱，对群众的组织力、凝聚力较差，无法有效带领群众响应上级组织的号召，甚至部分地区黑恶势力滋生，非法宗教蔓延，严重影响党的群众基础。必须加强农村基层党组织建设，整顿组织力涣散、歪风邪气盛行之象，注重完善党组织带头人的选拔机制，使基层党组织更好地发挥战斗堡垒作用。坚决破除农村愚俗迷信，充分践行社会主义核心价值观培养，注重乡村治理“三治”结合，大力查处农村“微腐败”现象，竭力营造一种淳朴优良的乡风、家风、民风，推动乡村治理更具效能。

六是坚决打赢脱贫攻坚战。脱贫攻坚是乡村振兴的前提条件，是全面建成小康社会的关键一步。党的十八大以来，习近平总书记高度重视扶贫工作，全党全社会共同努力，取得了显著成绩。6 年来，我国农村贫困人口累计减少了 8 000 多万，贫困发生率下降到 1.7%。接下来，一是要做好深度贫困地区的扶贫工作，像自然条件差、贫困发生率高、基础设施和公共服务较为落后的地方，需加紧制订扶贫方案，进一步加大扶持力度，确保到 2020 年如期完成脱贫攻坚任务，顺利实现全面小康的目标。二是要防范已脱贫地区返贫现象的发生。由于扶贫任务重、时间短，部分扶贫成果还不牢固，已有部分地区出现返贫现象。对于那些刚达到脱贫指标的地区，收入水平略高于脱贫线的群体，若遭遇经济波动、自然灾害，很可能再次陷入贫困。必须抓好产业扶贫、就业扶贫，使贫困人口具有较为稳定的收入渠道，充分激发贫困人口的主观能动性，实现从“想让他脱贫”到“他想要脱贫”的转变，提升整体脱贫质量，防止返贫现象的发生。

六 “九工程”“三行动”“三计划”等战略内容怎么理解？

（一）“九工程”之“农业综合生产能力提升重大工程”

2018年中央一号文件部署了高标准农田、农田水利、科技创新、现代种业、农业机械化、智慧农业等农业生产能力建设重大工程。这是实施“藏粮于地、藏粮于技”战略和质量兴农战略的重要举措，是建设“三区”的具体抓手。

第一，“两区”监管护。全面部署粮食生产功能区和重要农产品生产保护区，率先在“两区”建立精准化建设、管护、管理和支持制度，构建现代农业生产数字化检测体系，建立生产责任与精准化补贴相挂钩的管理制度。坚持“底线思维、科学划定，统筹兼顾、持续发展，政策引导、农民参与，完善机制、建管并重”的基本原则，力争用3年时间完成约10.58亿亩“两区”地块的划定任务，同时实现信息化和精准化管理。力争用5年时间基本完成“两区”建设任务，形成布局合理、数量充足、设施完善、产能提升、管护到位、生产现代化的粮食生产功能区和重要农产品生产保护区，成为确保国家粮食安全、稳定重要农产品自给水平的基本支撑。

科学确定“两区”划定标准，自上而下将划定任务分解落实到省、市、县，以县为基础精准落地，明确到具体地块，建立电子地图和数据库，汇总形成全国“两区”建设一张图。要大力推进“两区”建设，强化高标准农田等综合生产能力建设，积极发展适度规模经营，着力提高“两区”农业社会化服务水平。要切实强化监管，完善相关制度，严格落实管护责任，建立监测监管体系，加强动态监测和信息共享，强化监督考核，依法保护“两区”。

加大对“两区”的政策支持，增加基础设施建设投入，完善财政支持政策，创新金融支持政策。各省（区、市）人民政府对“两区”划定、建设和管护工作负总责，有关部门要加强指导、协调和监督检查，细化制定具体实施办法、管理细则，出台相关配套政策，抓好工作落实。

第二，实施高标准农田建设。2013 年，国务院批复《全国高标准农田建设总体规划》；2017 年，国家发展改革委、农业部等七部门联合印发《关于扎实推进高标准农田建设的意见》，要求到 2020 年确保建成 8 亿亩、力争建成 10 亿亩高标准农田，其中 2018 年拟建成 8 000 万亩。统筹推进规划实施，整合新增粮食产能、农业综合开发、土地整治、农田水利等建设资金，集中支持“三区”建设，集中连片、整体推进，加强监管、确保成效。优先建设确保口粮安全的高标准农田，同时大规模改造中低产田，推进国家耕地质量检测体系建立，运用现代高新技术实现全面检测。

第三，主要农作物生产全程机械化。加快补齐农机装备制造、技术推广、作业服务、人才培养等短板，推进农机装备产业向高质量发展转型，促进农业机械化向全程、全面、高质、高效发展。完善以企业为主体、市场为导向的农机装备创新体系，支持农机装备产业链上下游企业协调发展，共同攻克技术突破中所面临的困境、难题。引导大型企业发展由单一器械制造向全套装备集成生产转变，鼓励中小企业向着专业化、精细化发展方向前行。着力提升各地农业生产机械化水平，加强绿色高效新机具新技术示范推广。2020 年，农机装备产业科技创新能力得到了较大提升，主要经济作物薄弱环节"无机可用"的问题得到基本解决。

第四，数字农业农村和智慧农业。把实施数字乡村战略和发展数字农业作为农业现代化的前沿领域和建设数字中国的优先领域，着力强化关键技术创新和重大基础建设，突破数据采集、开发、应用关键制约。促进数字技术与现代农业产业体系、生产体系、经营体系、管理体系融合发展，建设数字田园、数字农情，发展智慧养殖、数字交易、智能农机，建设农业专属卫星星座，建立健全大数据支撑农业管理决策的体制机制，推进农业产业数字化和数字产业化，助力农业发展质量变革、效率变革和动力变革。

第五，粮食安全保障调控和应急。在粮食物流重点线路，以及重要出进口粮食物流节点，新建或完善一批粮食安全保障调控和应急设施。重点支持多功能一体化的粮食物流园区，以及铁路散粮运输和港口粮运输系统建设。改造一批区域骨干粮油应急配送中心。

在沿京哈线路、京沪线路、京广线路上，以大型粮食企业为主体，在发运点和接卸点改造或新建铁路散粮专用车发运和接卸设施，同时兼顾散粮集装箱接发，形成相对固定的铁路散粮专用车运输班列线路。在沿陇海线路、京昆线路上，选择主要功能为集中省外来粮并向省内各地区中转的节点，改造或新建散粮集装箱接卸设施，实现公铁无缝联运，形成铁路散粮集装箱运输线路。

在长江沿线、运河沿线、“引江济淮”工程沿线、珠江水系沿线等码头改造或新建一批内河码头散粮接发点，从而有效提升内河码头高效接发能力和公水或铁水无缝衔接能力。在重点沿海港口完善提升集疏运设施，北方港口着力提升公铁集港效率，南方港口着力提升公水分拨能力。

在粮油加工集聚区和优势区，主要依托铁路枢纽节点、港口及多式联运场站，建成一批带动能力强、辐射范围广，在全国具有示范作用，集仓储、物流、加工、贸易、质检、信息服务等功能于一体的粮食物流（产业）园区，形成区域性粮食物流中心、加工中心和信息中心。

主产区重点完善粮食收储网点、提高设施水平，产销平衡区重点提升收储网点收购、储备、保供综合能力，主销区重点加强储备库建设、提升应急保供能力。支持部分大中城市建设成品粮储备库。

以现有成品粮油批发市场、骨干应急加工企业、粮食购销企业等为依托，改造建设一批区域性骨干粮油应急配送中心，提高应急保障能力。

建立全国或区域性粮食物流公共信息平台，提升粮食物流信息监管和共享水平。鼓励大型粮食企业建设粮食物流信息化服务平台，为企业、消费者与政府部门提供第三方服务。

第六，实施国家农业节水行动。重点是推进农业节水技术、发展节水灌溉，提高农业用水效率。加强农业用水总量控制，以水定地、以水定产，因水制宜、量水而行，优化农业布局和种植结构，严控水资源过度开发和地下水超采地区用水规模。建设一批重点高效节水灌溉工程，推广喷灌、滴灌、微灌和管道输水灌等高效的节水灌溉技术，注重节水灌溉技术与农艺、农机、生物、管理等措施的集成与融合，积极推进水肥一体化。2022 年，全国高效节水灌溉工程面积达到 4 亿亩，农田灌溉水有效利用系数提高到 0.56 以上。

（二）“九工程”之“质量兴农重大工程”

按照建设现代化经济体系的要求，加快农业结构调整步伐，着力推动农业由增产导向转向提质导向，提高农业供给体系的整体质量和效率，加快实现由农业大国向农业强国转变。

第一，特色农产品优势区创建。2020 年，“创建并认定 300 个左右国家级特色农产品优势区，打造一批‘中国第一、世界有名’的特色农产品品牌，不断增强绿色优质终端特色产品供给能力，加大对特色优势品牌的宣传和推介力度”的目标已基本实现。因地制宜发展小宗类、多样性特色种养，加强地方品种种质资源保护和开发。建设特色农产品优势区，推进特色农产品基地建设。支持建设规范化乡村工厂、生产车间，发展特色食品、制造、手工业和绿色建筑建材等乡村产业。充分挖掘农村各类非物质文化遗产资源，保护传统工艺，促进乡村特色文化产业发展。支持粮食主产区和特色农产品优势区发展农产品加工业，建设一批农产品精深加工基地和加工强县。鼓励农民合作社和家庭农场发展农产品初加工，建设一批专业村镇。统筹农产品产地、集散地、销地批发市场建设，加强农产品物流骨干网络和冷链物流体系建设。

第二，动植物保护能力提升。完善动植物保护机制，对防范外来生物入侵等薄弱环节加快建立预警机制，提升对动植物的保护能力。加强动物防疫体系建设和责任落实，稳定基层机构队伍，建立健全动物卫生监督机构和动物疫病预防控制机构，保障动物防疫工作经费和专项业务经费；推进实施动植物保护能力提升工程建设规划，补齐动物防疫设施设备短板。

第三，农业品牌提升。加强农产品品牌打造，完善品牌认证、监管环节，提升农产品品牌的知名度、可信度。强化品牌质量管控，确保品牌含金量。加强农产品品牌与各大电商、实体销售平台合作，不断开拓新的市场。将品牌建设与粮食生产功能区、重要农产品和生产保护区、特色农产品优势区和现代农业园区，产业园、创业园、科技园"三区三园"建设以及绿色食品等产品认证紧密结合，突出抓好品牌建设、品质管理，支持建设一批地理标志产品和原产地保护基地，遴选推介一批富有特色、优质安全的农产品品牌。

第四，特色优势农产品出口提升行动。严格把控农产品生产质量大关，不断延伸农产品产业链，增加农产品的附加值。凭借"一带一路"倡议优势，积极与沿线各国开展农产品贸易合作，推动高附加值农产业扩大对外出口，鼓励农业企业"走出去"，积极参与国际农产品质量认证，将中国制造的优质农产品销售到更大的国外市场上去。

第五，产业兴村强县行动。坚持试点先行、逐步推开，争取到2022年培育和发展一批产业强、产品优、质量好、功能全、生态美的农业强镇，培育县域经济新动能。支持符合条件的乡镇聚焦主导产业，发展壮大乡村产业，加快培育一批产业生产经营市场主体，创新农民利益联结机制，将农业产业强镇示范建设作为引领乡村产业振兴的样板田和火车头，推动产业融合、产城融合、城乡融合。以镇为平台，引导带动特色优势主导产业发展，加强农产品产地加工、包装、营销等，延伸产业链，提升价值链，拓展农业多功能性，发展休闲农业、智慧农业、农业文化产业，支持农业产业化，培育新产业、新业态、新模式。

第六，优质粮食工程。建立健全粮食质量监测体系，完善粮食产后服务体系。抓好农产品质量安全追溯管理，推动国家追溯平台应用，率先将国家级和省级龙头企业、"三品一标”获证企业以及农业部门支持建设的示范基地纳入平台，鼓励有条件的省尽快和国家平台互联互通。建立农业生产信用档案，将新型经营主体全部纳入监管名录。深化国家农产品质量安全县建设，支持有条件的地方以省为单位整省创建。深入开展农产品质量安全专项治理行动，做好农产品质量安全例行监测和风险评估。加大农产品质量安全宣传力度，发挥社会监督作用。加强植物病虫害、动物疫病防病体系建设。

（三）“九工程”之“现代农业经营体系培育工程”

坚持家庭经营在农业中的基础性地位，构建家庭经营、集体经营、合作经营、企业经营等共同发展的新型农业经营体系，发展多种形式适度规模经营，发展壮大农村集体经济，提高农业的集约化、专业化、组织化、社会化水平，有效带动小农户发展。

第一，新型农业经营主体培育。新型经营主体将各产业相融合，规模适度经营，成为社会化服务的支撑，并利用“互联网＋”提供点对点服务，推进现代农业人才支撑计划和轮番培训计划的进程。同时规范农民专业合作化水平，激励农民专业合作社的形成，促使家庭农场的发展。加快建立新型经营主体支持政策体系和信用评价体系，落实财政、税收、土地、信贷、保险等支持政策，扩大新型经营主体承担涉农项目规模。实现不断壮大农林产业化龙头企业，鼓励建立现代企业制度，鼓励工商资本下乡，为当地乡村投资合适的产业并进行规模化经营，提供全面系统性的解决方案，形成与当地农户相融合的利益共同体。

第二，农业国有经济培育壮大。加快垦区集团化和农场企业化改革进程，全面推行现代企业制度，健全法人治理结构。支持农垦率先建立农产品质量等级评价标准体系和农产品质量安全追溯平台。全面推广中国农垦公共品牌，切实加强农垦加工、仓储、物流、渠道等关键环节建设。

第三，供销合作社培育壮大。全面深化供销合作社改革，进行创新体制机制建设，加强层级间合作，实现向高质量发展方向转变。大力实施"基层社组织建设工程"和"千县千社"振兴计划，增强基层社为农服务能力。

第四，新型农村集体经济振兴计划。针对集体产权制度改革编制"菜单式"行动安排，因地制宜采取行动方案，进行差异化政策扶持，分类施策、重点推进，激活集体经济发展的活力和实力。进一步推动农村集体产权制度改革，让资源变资产、资金变股金、农民变股东，创新多样化股份合作，对于农民在占有集体资产股份出现的收益、有偿退出及抵押、担保、继承等出现的问题及矛盾，完善相关权能和管理办法，研究制定农村集体经济组织法，充分发挥农村集体产权权能的作用。积极发挥党组织的核心作用，避免出现内部的少数群体侵占集体的大部分资产的不公平现象，鼓励经济实力强的地区带动周围经济实力弱的村庄实现共同发展。

（四）“九工程”之“农业科技创新支撑重大工程”

农业科技水平还有很大的提升空间，加大力度实行创新驱动发展战略，提高农业科技自主创新水平、成果转化水平，为农业的高效发展和转型，拓展新的空间，增加新的动力来源。

第一，农业科技创新水平提升。创建高科技创新平台，融合现代农业生产技术、创新组织、创新中心为一体，对污染防治、化肥农药高效使用、农业用水、农业废弃物合理循环应用、森林质量提升等方面的关键技术进行进一步研发，并全面应用。建设以科研院所和高等院校为主体的农业知识创新体系，深化农业科研体制改革，建立现代院所管理制度，支持重点实验室改善设施设备条件，建设科学观测实验站，在基础研究和战略高技术领域培养一批具有国际一流水平的研究所和研究型大学，强化战略科技力量。建设以企业和产业为主体的技术创新体系，激励和引导农业企业成为研究开发投入的主体、技术创新活动的主体和科技成果应用的主体，加大国家科技计划对企业技术创新的支持，建设一批现代农业产业科技创新基地。建设以公益性机构为主体的农业技术推广体系，推进基层农业技术推广体系改革创新，探索公益性推广机构与经营性服务组织融合发展机制。

第二，现代种业自主创新能力提升。种质资源的保存、培育种子的创新、种植品种的测试与检验、良种繁育基地建设等技术亟须进一步加强。推进现代种业体系的建设，提高建设国家南方繁育种植基地的标准水平，促进甘肃、四川基地的提档升级，加快建设地区性良繁基地建设。以保障农业供种安全和加快现代化种业发展为中心任务，着力提升种质资源保护、育种创新、品种测试、良种繁育能力。建设一批国家种质资源保存库（圃）、农业野生植物原生境保护区，保护种质资源。建设一批以育种为核心，实现种质资源保护、良种繁育、新品种推广一体化的育种创新项目，培育具有国际竞争力的民族种业企业。建设一批农作物品种测试站、畜禽品种性能测定站、种子检测中心。

第三，农业科技园区建设。明确农业科技的定位——"农、高、科"，加强体制机制创新，加快农业科技园区的建设，利用农业科技的提高，提升农业生产的效率，推动如生物育种、现代智能化农业机器、现代食品制造等高新技术产业的繁荣。

2020年，在国家农业科技园的引导下，以省级农业科技园为基础，建立了层次明确、功能互补、特色鲜明、创新发展的农业科技园区体系。到2025年，农业园区创建成为农业科技成果孵化和转化升级的创新集中区、高新技术产业及其相关的服务业载体、农村创新创业的后方阵营、城镇村融合发展与农村综合改革的示范典型。

一是全面深化体制改革，积极探索机制创新。在农业发展方式上开展进一步的探索，发展一条以体制改革和机制创新为根本的路径，促进农业向高新技术行业转移，提高土地的产出率、利用率以及劳动生产率。

二是集聚优势科教资源，提升服务创新能力。吸引科技、信息、人才、资金向农业科技园区汇集，聚集农业科研机构和各大高校科教资源在园区内发展新型农业科技技术并将成果进行转化，成为面向市场的农业科技技术力量，创建农业科技成果转化中心、科技人员创业平台、高新技术产业孵化基地。

三是培育科技创新主体，发展高新技术产业。为高新技术产业的发展培养科技创业苗圃、现代农业科创中心等载体，大力培养具有发展潜力、技术水平高的科技型企业，从而实现生产更加标准化、布局更加合理化、经营更加品牌化和高值化的发展，形成农业高新技术群带动发展的局面。

四是优化创新创业环境，提高园区双创能力。创建以产、学、研、用结合，科技金融、科技服务为主体的网络体系，从而对创新质量进行一定的提升。为加强农民的职业技能，改善目前农业工作者的结构，有必要建设具有地区特色的农民培训中心，使得新的农业工作者为现代农业发展充分所用。

五是实行差别化建设，完善各园区的发展模式。利用园区的科技创新，采用示范推广和产业融合创新的模式，形成具有一定竞争能力的产业群，从而实现国家农业科技园区的全面建设。坚持以“一园区一主导产业”的原则，创建一批具有品牌优势的农业高新技术产业，提高农业在各产业以及国际中的竞争力。

六是建设美丽宜居乡村，推进园区融合发展。实现城镇一体化模式，探索一条“园城一体”“园镇一体”“园村一体”的发展道路，大力建设资源节约环境友好型社会。保证农业资源的高效利用，提高全要素生产率，发展循环生态农业。

(五)“九工程”之“构建乡村产业体系重大工程”

推进农村产业融合发展，不仅是简单地打破产业界限，而且需要把现代产业发展理念和组织方式引入农业，着力构建农业与二三产业交叉融合的现代产业体系。在新发展理念的领导下，以市场需求为风向标，完善利益连接机制核心，利用制度技术和商业模式的创新成果创建产业融合新体系。为实现产业发展和农民增收双赢的局面，必须大力发展农业的多重功能，延伸产业链、提升并且完善价值链。

第一，发展电子商务进村经典范式。加快电子商务在农村的流通运转，结合电商扶贫，进行农业供给侧结构性改革，构建一批复制性高的电子商务示范县。电子商务进村实现农村基础设施的建设以及服务能力的提高，实现示范县的网络销售额、农产品销售情况明显高于全国平均水平，从而充分实现电子商务的功能，进一步带动扶贫、便民消费，发挥示范村的示范引领作用。在具备国家级条件的贫困县全面覆盖电子商务的基础上，深层次地挖掘农村电商工作，培育一批更具特色的电子商务示范县，完善农村电子商务公共服务体系。

第二，农商互联互动。农产品的销售通过“直产直销”

的方式实现新型农民主体与商品流通企业的直接对接，采取订单式销售、合作入资等方式实现产供销稳定循环链，利益连接链条紧密性强，从而实现全国三级产地市场体系的建设。

农商互联工作的支持对象有三类：一是订单农业主体，是指签订长期（2 年以上）农产品采购协议，发展订单农业的农产品流通企业或新型农业经营主体。二是产销一体主体，包括通过建立自有、合作生产基地等方式，向生产环节延伸产业链条，实现“销＋产”一体化经营的农产品流通企业；通过直接设立销售门店或在批发市场、超市、菜市场等场所设立销售专档、专柜、专区等各种方式，向销售环节延伸产业链条，实现“产＋销”一体化经营的新型农业经营主体。三是股权投资合作主体，是指农产品流通企业和新型农业经营主体通过参股控股、兼并收购等多种方式形成产销优势互补、风险利益共担共享的股权投资合作企业。[①]

第三，乡村旅游与农业景观工程。打造一批现代化的农村，其基础设施完善，不同于以往的农村，现代农村拥有停车场、公共厕所、通畅的农村道路等便利设施，并且是以休闲农业和乡村旅游为主题的精品农村。各村以“休闲农庄”“休闲观光园区”“国家森林布道”“康养基地”等著称，并利用现代新媒体技术以及相关推广活动对各精品村进行宣

① 柴新．中央财经支持农商互联完善农产品供应链［J］．中国财经报，2019.

传。现代农村的建设，政府的引导作用不可或缺，市场的决定性作用也不能"缺席"，充分发挥农民主体性作用，坚持绿色发展，保护生态资源，坚持一二三产业融合发展，有序延长产业链。

第四，国家农村一二三产业融合发展示范园创建计划。通过扶智大面积宣传先进经验，加快农业产业链的延伸速度，发挥农业潜在功能，发展农业的新产业新态势，加快产业融合发展示范园区的建设。利用各县资源优势，突出主导产业，建设一批现代农业产业园和农业产业强镇，创建一批农村产业融合发展示范园，形成多主体参与、多要素聚集、多业态发展格局。各示范园的建立与各地方债务以及土地使用相挂钩，因此建设过程中要逐步优化创建方案，明确示范园的功能以及建立的范围，形成一种新的融合模式和完整的利益联结机制。坚持尽力而为、量力而行，扎实推进各项工作，完成既定创建任务，努力将示范园打造成为本地区农村产业融合发展的平台载体和示范样板。积极响应示范园建设的规划，在不改变资金用途和管理的情况下，合理统筹规划涉农资金用于示范园的建设。为解决示范园区建设的资金短缺问题，满足条件的示范园可以优先申请发行专项债券进行融资，并鼓励银行对符合信贷条件的示范园给予一定的信贷支持。示范园的长久发展不仅需要完善的保障机制以及综合性强的信息服务平台，还需要建设公共服务平台，提供便利化基础设施。

第五，农业循环经济试点示范。发展循环经济有利于构建新的资源战略保障体系，提高社会资源的利用率，对资源利用方式进行变革，树立全新的发展观，促进循环经济的发展和普及。资源的利用贯彻“减量化、再利用、资源化”原则，环境治理方向由之前的“逆向”改为“顺向”——源头防控、过程管控、末端循环，大幅度减少资源的无效消耗和污染物的排放量，并且将废弃物进行循环利用，进一步转换为资源，减轻末端治理的压力并减少废弃物处理量。循环经济的发展，成功形成“资源—产品—废弃物—资源”的循环链，坚持少排放或不排放的准则，形成新型循环产业，提供更多的就业岗位，形成经济与环境友好发展的模式，这也是提高经济发展质量和效益的内在要求。2011—2015 年，在工业领域，逐步实行企业间、行业间、产业间的耦合机制，并逐渐实现企业循环、园区循环、产业循环的组合式发展转变；在农业领域，探索农林牧渔“共生”模式发展以及农业、工业和旅游业符合发展的新型农业发展模式；在服务业领域，强调服务主体和服务过程的绿色，并树立低碳循环的观念，转变人们的消费模式。2016—2019 年，全国单位 GDP 的能耗累计降低 13.2%，累计节能约 6.5 亿吨标准煤，相当于减少二氧化碳排放约 14 亿吨。2019 年，全国非化石能源消耗比重升至 15.3%，提前完成了“十三五”规划目标。

第六，农产品加工业提升行动。研发农业加工技术，形成各具特色的农产品技术加工地，对相应品种进行提质增效，推进品牌化建设，加强人才培训。在现有精深加工基地基础上，创建一批农产品精加工基地，推进农产品初加工、精加工以及副产品的循环利用，从而推行农产品加工业提升行动。农产品精深加工快速发展，加工产能向主产区和优势区布局，重心向大中城市郊区、加工园区、产业集聚区和物流节点下沉，推动加工企业由小到大、加工层次由粗（初）向精（深）发展，加快改变农村卖原料、城市搞加工的格局。副产物综合利用水平不断提升，引导加工企业对食品和各类产品的加工更加注重品质、绿色和健康，促进资源循环高效利用。同时，统筹农产品生产地、集装分散地以及批发市场的建设，加强农产品物流骨干网络和冷链物流体系建设。

第七，农村“星创天地”。创造农村创业创新基地，以科技研究院、大学生、返乡民工、新型职业农民等为主体，以农业科技园区、新农村发展研究院、科技企业等为重要载体，建设 3 000 个“星创天地”。

第八，重返乡村再创业。探索出一套乡村带头计划方案，组织百县千乡万村的带头人进行创业创新，利用现有渠道，在 3 年时间内实现 40 万名双创人员和双创导师的目标。建设 100 个各具特色的农村示范园区。对下乡创业的人员和企业进行专项培训，扶持相关企业，实现强企计划。培养年轻农村带头人，依托“领头雁”计划的顺利进行，实施乡村人才引进计划，在乡村创业基地中设立专家服务站，对各类创业进行引导并且吸引人才流入。

鼓励开发性、政策性金融机构在业务范围内，对农村

"双创"园区（基地）和公共服务平台等项目提供信贷支持，以返乡下乡人才流带动资金、信息等更多要素回流，对特色产业集群的发展需要加快速度，同时吸引就业岗位较多的企业在乡村入驻，在新型城镇化的背景下，逐渐实现产业的转移，发展壮大县域经济，推动乡村振兴，不断拓宽农村劳动力就业创业空间。统筹发挥各类创业引导资金作用，拓宽股权投资、债券市场融资等直接融资渠道，优先保障返乡下乡创业用地，加强农村道路、信息和物流等基础设施网络建设，不断优化创业环境，推动返乡下乡创业主体做大做强。

（六）"九工程"之"乡村生态保护与修复重大工程"

2018 年中央一号文件提出了建立市场化多元化生态补偿机制的要求，这是生态文明建设助推乡村振兴的重大体制机制创新，是促进区域平衡发展、打赢脱贫攻坚战和维护人与自然和谐共生的重要预警。

第一，国家生态安全屏障的保护与修护。环境破坏程度高的重点领域治理需要进一步推进，如京津风沙源区、岩溶石漠化区、西藏生态安全屏障等区域的治理，[①] 以及山水田林湖草的修护治理，构筑一道坚固的生态安全屏障。

第二，国土绿化行动。对三北、长江等重点防护地区的森林建设，完成造林 3 128 万公顷。在满足条件的各种地区

---

① 张勇．坚持农业农村优先发展　全力实施乡村振兴战略［J］．宏观经济管理，2018（3）：4—11.

进行规模林化建设，对森林建设的质量提出更高水平的要求，完成森林质量精准提升 2 000 万公顷。加快国家储备林和用材林基地的建设，完成储备林建设 333 万公顷。

推进大规模国土绿化行动，必须牢固树立生态文明的先进理念。首先要进一步认识到山水林田湖草是一个生命共同体，人的命脉在田，田的命脉在水，水的命脉在山，山的命脉在土，土的命脉在树。要充分认识到封山、护水、育林、保田、还湖、种草，无不是绿化国土行动。大规模国土绿化行动，一定要坚持保护优先、自然修复为主，坚持封山育林与人工造林并举，特别要因地制宜，宜封则封、宜造则造、宜林则林、宜灌则灌、宜草则草。

推进大规模国土绿化行动，必须把植树造林与爱树护林统一起来。中华民族自古就有爱树、植树、护树的好传统，爱树、植树、护树三位一体、不可分割。"十年树木，百年树人"，树木与树人一样，既要管栽，还要管活管养。对待山水林田湖草，要像农民种庄稼一样，认识并践行"种好管好，丰收牢靠；只种不管，打破金碗"的道理。

第三，草原保护与修复。草原恢复计划、防灾减灾、害虫治理以及沙化治理不断推进，在草原草畜与禁牧之间寻找平衡点，并将草原生态保护补助进行落地实施。

加大科技投入，补齐草原保护研究短板。国家亟须加大对草原科技投入，通过科技计划（专项、基金等）对符合条件的草原科研活动进行支持。加强基地建设，打造草原科技创新舞台。重点实验室、工程中心、科技资源共享服务平台、野外科学观测站等创新基地是科技创新的基础条件。加快草原科学研究队伍建设，依据现有的科研工作及未来的科研发展，明确所需的人才及其结构，制订详细的人才队伍建设计划，需要通过重大科研项目培养和提升草原科技领军人才，利用重大项目资源聚集国内外知名专家学者投入到我国草原科学研究中来。关键技术创新领域，应重点研究退化草原植被系统修复与重构的关键技术、草原土壤肥力维持与功能提升关键技术、草原信息化管理与智慧牧场建设技术、草原生物和非生物灾害精准监测与预警关键技术、草畜平衡与草原生态经济耦合关键技术、多尺度草原生态资产核算业务化与生态补偿技术。

第四，湿地保护与修复。针对性能低、生物多样性遭到破坏的湿地进行全面治理，特别是国际和国家重要湿地、湿地自然保护区、国家湿地公园等重点区域的保护和修复工程推进。成功建成一批生态环保型河塘，形成可持续生态示范区。

第五，重点流域环境综合治理。重点水库的水质监测及防范不容忽视，对水质达到或者优于Ⅲ类的湖水和水库进行定期的生态安全评估，强化生态湖泊的安全建设，重点防范藻类水华的蔓延。建立长江流域重点水域禁捕、水深保护区全面禁捕，实施资源总量管理制度。按照“地方为主，中央适当奖补”的原则，中央财政对长江流域重点水域禁捕工作给予适当支持。补助资金根据相关因素测算，对各地捕捞权收回和专用生产设备报废给予一次性补助，社会保障、就业培训等方面费用由各地结合现有政策项目渠道解决，确保政策配套衔接。中央财政在禁捕期间安排一定的绩效奖励资金，统筹用于退捕渔民社会保障、就业培训以及执法管理等方面。

第六，农村土地综合治理。提高土地利用效率，逐步开展土地复垦与建设用地整合，整合土地利用格局并进行优化。2020 年，实现了建成 300 个土地综合整治示范村案例的目标，形成了较为完备的农村土地整治的基本制度；到 2022 年，将示范村建设的数量扩大到 1 000 个，形成更完备的、可在全国推行的综合整治土地制度体系。

第七，重大地质灾害隐患治理。建立并完善地质灾害防治体系，该体系具备调查评价、监测预警、综合治理、应急防治等功能，对实现山地丘陵地区灾害气象预警网络全覆盖，对地质灾害进行详细调查，对地质沉降裂缝崩塌进行全面的调查。要做好应急力量准备，各级应急管理部门要全面掌握本行政区域内各类应急力量的组成、分布和特长，完善军地应急联动机制，注重发挥中央企业专业抗洪抢险队伍在工程技术、装备上的优势，积极引导社会应急力量参与应急救援，确保各级各类应急力量衔接顺畅。要做好应急演练准备，突出实战，瞄准关键科目，抓住薄弱环节，充分运用好每一次演练成果。各地区、各部门要坚持以习近平新时代中国特色社会主义思想为指导，按照党中央、国务院决策部署，把防汛抗旱摆在更加突出的位置，进一步明确责任分工，加强协调配合，扎实做好防御抢险救灾各项工作。国家防总要切实加强统筹指导，协调相关部门、各流域防总和省级防指，强化监测预警和分析研判，加强江河防洪调度和巡查防守，认真抓好病险水库、山洪灾害、城市内涝等薄弱环节防范应对，及时做好危险区群众转移避险和重大险情抢险救援，各方面形成合力，坚决打好防汛抗旱这场硬仗，确保人民群众生命财产安全。

第八，生物多样性保护。人与自然和谐相处，遵循相互尊重的基本原则，生物多样性是人类生存的基本条件，是生态稳定的内在条件，也是经济稳定发展的基础。当前，生物多样性面临着来自多方面的威胁。自然资源过度利用、严重环境污染、外来物种入侵和气候变化等，造成生物多样性下降。开展生物多样性调查，掌握生物的基本品种，并且保护和评估生物多样性；建成生物多样性保护网络，准确预测生物多样性变动趋势。为濒危生物保留栖息地加强保护区管理能力建设，提倡利用针灸繁育和野外放归的方式，大力进行极小种群野生动植物的恢复和人工培育。

第九，兴林富民行动。提高林业发展的效率以及质量，通过林业的兴旺带动农民林民的富裕，推动生态森林产品建设行动。对资源进行合理的重新配置，使形成的林业产业体系和服务体系布局更加完善、功能齐全、结构合理。建成一批标准化、集约化、规模化的示范基地。推动林区网络信息全覆盖，建设林业基础数据库、资源监管体系和新型林区综合服务平台。大力宣传森林生态标志生产，推动森林生态标志产品品牌监督体系建设和追溯体系，利用网络进行森林产品宣传并建立服务平台。

(七)"九工程"之"乡村文化繁荣兴盛重大工程"

2018年中央一号文件提出，立足于乡村文明，吸取城市文明及外来优秀文化成果，在保护传承的基础上，创造性转化、创新型发展，不断赋予时代内涵、丰富表现形式。切实保护好优秀农耕文化遗产，推动优秀农耕文化遗产合理适度利用。深入挖掘农耕文化蕴含的优秀思想观念、人文精神、道德规范，充分发挥其在凝聚人心、教化群众、淳化民风中的重要作用。划定乡村建设的历史文化保护线，保护好文物古迹、传统村落、民族村寨、传统建筑、农业遗迹、灌溉工程等遗产。支持农村地区优秀戏曲曲艺、少数民族文化、民间文化等传承发展。

政策的核心要义可以从两个层面来理解：第一个层面是保护传承好农村传统文化的精华，规划乡村的历史保护路线，保护并维护乡村古迹，传承好优秀民族民间文化，重塑良好的乡村文化生态。第二个层面是在保护传承的基础上，推动乡村文明适应新时代、取得新发展，同时挖掘农耕文化中的优秀元素，发挥其在乡村文明建设中的积极作用。

第一，农耕文化保护传承。秉持在挖掘中保护、利用中传承的原则，制定国家重要农业文化遗产保护传承指导意见。定期举办农业文化遗产展览会，充分发扬并传承中国传统优秀农耕文化。

第二，戏曲进乡村。加强戏曲在民间的传播，开展戏曲进乡村活动，定期以县为单位，在乡村提供多种形式的文艺演出，大面积推广戏曲的传播普及以及传承发展。

第三，贫困地区综合文化服务中心建设。在百县万村贫困地区建设村级综合文化服务中心，在现有建设的基础上，加大支持力度，实现文化服务的全方面覆盖。现在的乡村公共服务体系缺乏一定的标准，没有网络的全面连接，没有各方面的人才返乡建设。以县级基层综合文化服务机构为中心，逐渐辐射到各个乡镇；实现文化惠民的功能，文化资源向乡村倾斜；以“三农”为主题进行文化生产，创新出一批与农民生活有关的产品，特别是反映开展乡村振兴战略之后的农民生活现状，反映新农村新农民的新气象；充分利用乡村本土人民和本土文化，开展各种乡村文化宣传，吸引各行各业的人士投身于乡村文化建设中；乡村文化市场需要进一步的刺激，更加活跃起来，同时进行必要的市场监管。

第四，中国传统文化传承之地。秉持“取其精华去其糟粕”的原则，更深入地挖掘蕴藏在乡间的优秀文化资源，创建出有特色的文化品牌，定期开展民间艺术活动，评选出一批优秀的“中国民间文化艺术之乡”，作为示范在全国范围内进行宣传。加强农村非物质文化遗产保护传承，推动国家级文化生态保护区建设向农村地区倾斜。加强对作为非遗传承发展重要载体和空间的传统村落、老街、小镇的保护。推进农村地区传统文化艺术发展，加强“中国民间文化艺术之乡”评审命名和建设管理，深入发掘和盘活各地具有鲜明地域特色的各类优秀民间文化资源，在农村地区传承弘扬中华优秀传统文化。

第五，古村落、古民居保护利用。对拥有重点文物和省级文物保护的村落进行整体保护的项目积极推进。不仅利用文物所在地区力量的支持，还通过吸引社会各界的力量在乡村开展遗产示范活动，并积极探索古村古民的多样化用途，实现古村落的保护和振兴，顺利推动“拯救老屋”的活动。引导村民按照相关部门指导，在合理适当改善文物保护和传统村落保护条件的基础上，从事生产生活和文化传承。鼓励社会力量参与传统村落保护，推广政府和社会资本合作模式，助力农村优秀传统文化传承发展。

第六，少数民族特色村寨保护与发展。选出 2 000 个基础设施完善、建设完整且民族特色强烈的村庄，进一步宣传和打造民族特色村寨示范村，加强交流，共同进步，带动更多的特色村庄发展。推进藏羌彝文化产业走廊建设，支持在边境农村建设具有富民效应和示范效应的文化产业聚集区。本着“保护为主，抢救第一”的原则，建成进村公路、进户公路，实施绿化美化工程，大大改善人居环境；完善村规民约，开展和谐村寨建设和文明家庭创建活动，宣传民族政策和民族文化；依据现存可观的文化遗产，实施特色产业培育工程。

第七，乡村传统工艺振兴。推进相应计划的实行，形成有影响力的品牌。从贫困地区开始试点，加强非遗传统工艺的培训，不仅促进非遗的传承，同时为当地农民培养生存技能，加强基础设施建设，搭建相应的平台，利用现有资源并进行整合，提高传统工艺的设计和质量，从而让不同的非遗项目形成各有特色的品牌。支持传统工艺工作站加大对农村地区扶持力度，支持有较强设计能力的企业、高校和机构在农村地区设立传统工艺工作站，帮助当地企业和传承人发展富有民族特色和地域特色的传统工艺。拓展传统工艺产品推介渠道，鼓励农村地区非遗项目参加非遗展览展示活动，推动传承人与各行业人员交流对接，促进合作共赢。

第八，乡村经济社会变迁物征藏。拥有浓郁文化传承的乡村，对村落布局进行优化，整体乡村风貌进行改造，并结合相应历史文化特色建设遗址博物馆、生态博物馆等，对乡村文明的发展历程进行展示和传承。

(八)“九工程”之“农村基础设施建设重大工程”

2018年中央一号文件将提高农村民生保障水平，塑造美丽乡村新风貌作为乡村振兴的重要内容，明确提出要推动农村基础设施提档升级，这既是实现乡村全面振兴、加快补齐农村民生短板、提高农村美好生活保障水平的坚实基础，也是坚持农业农村优先发展、促进农业农村现代化工作的必然要求。

第一，农村公路建设。道路建设作为全面建成小康社会的“输血”“造血”的“毛细血管”，一直以来都是建成小康社会的“拦路虎”，需要全力推进交通基础设施的建设，为广大人民群众脱贫致富、共赴小康奠定坚实基础。对于发展在即的乡村做好交通设施的改造，对道路进行加宽，对危险公路进行改造，逐步加强村庄道路的硬化建设，是乡村发展的前提条件。在交通建设中，以质量为先，在工程建设中，创新建设机制，严把工程质量关，着力打造群众满意的优质工程、放心工程。实行旁站式监管，工程技术人员现场蹲点、跟班作业。做到建设与管理处于同一重要地位，严格要求建筑材料在各个关卡的质量，一定要保证质量，避免道路短时间反复建设的情况，保证工程合格率达到100%。严格把关公路管理养护、公路安全隐患排查整治、路域环境整治、公路绿化美化、公路沿线标识标牌清理五方面内容，同时制订"一路一策"整治方案，依法依规对公路沿线附属设施、路容路貌、交通秩序、绿化美化、标识标牌等存在的突出问题进行规范整治。

第二，农村交通物流基础设施网络建设。鼓励设施不完善的物流网点进行改进，提供更优质的物流服务。完善客运网络服务和物流配送模式，统筹城乡物流服务发展，2020年，在具备一定条件的村庄已基本实现物流网点的覆盖。

第三，农村水利基础设施建设。中国河流流域面积宽广，244条受到污染的重要河流亟须加快治理，同时加强小河流的治理；加固病态水库，防汛预警系统在543个县城实现全面覆盖，在各个地区建成大型灌溉配套设施。

第四，农村能源基础设施建设。国家高度重视农村能源工作，2017年，国家发展改革委印发了《全国农村沼气发展"十三五"规划》，进一步明确了农村沼气发展的目标任务，规划了发展布局和重大工程，提出了政策措施和组织实施要求。自 2003 年以来，中华人民共和国农业农村部会同国家发展改革委累计安排中央资金 400 多亿元，支持全国建成户用沼气 4 100 多万户，建成规模化大中型沼气工程 10 多万处，生物天然气工程试点项目 64 处。累计推广节能炉 3 100 多万台、太阳能热水器 4 770 万台、太阳灶 200 多万台、太阳房 2 500 多万平方米，产业规模、使用规模均居全球首位。① 下一步，国家发展改革委将会整合、优化相关中央投资，继续重点支持畜牧大县，整县推进畜禽粪污资源化利用基础设施建设，鼓励畜牧大县因地制宜建设规模化沼气工程，实现农村资源、能源、环境协调发展。启动农村清洁能源燃气基础设施计划，根据各地条件不同建设适合各地的清洁能源网络系统，形成再生能源示范村。

第五，农村新一代信息网络建设。乡村产业实现走向现代化、智能化、虚拟化的重要媒介就是信息化基础设施的建设。加强光纤到村建设，实现 4G 或 5G 网络在行政村和有条件的自然村全面覆盖，特别是中西部村庄的网络建设，推行“百兆乡村”示范以及配套设施的行动。改造提升乡镇及以下区域光纤宽带渗透率和接入能力，开展有关城域网扩容，实现 90%以上宽带用户接入能力达到 50Mbps 以上，有条件的地区可提供 100Mbps 以上的接入能力。

---

① 数据来源：《中华人民共和国农业农村部〈十三届全国人大一次会议第 8052 号建议的答复摘要〉》。

(九)"九工程"之"乡村振兴金融支撑重大工程"

2018年中央一号文件均对实施乡村振兴战略做出了明确部署，对提高金融服务乡村振兴水平提出了明确要求。贯彻中央一号文件部署，必须加大对农村金融改革和政策的支持力度，着力满足乡村振兴战略多元化的金融需求，全面提高金融服务乡村振兴战略的水平。做好金融服务乡村振兴工作，必须将农村金融服务的中心转移到乡村振兴战略上来，引导金融机构将更多的金融资源配置到农村经济社会发展的重点领域和薄弱环节。

第一，金融服务机构覆盖面提升。稳步推进镇银行市县设立工作，扩大县城银行业金融机构服务覆盖面。在严格保持县城网点稳定的基础上，推动银行业金融机构在风险可控、有利于机构可持续发展的前提下，到空白乡镇设立标准化固定营业网点。完善农业信贷担保体系建设。推动省级农村信贷担保体系向市县延伸。完善创业担保贷款贴息政策，适度放宽申请条件，满足农村更多创业新信贷需求。对符合条件的县域金融机构涉农贷款基础金融服务薄弱地区的机构和网点，给予定向费用补贴。

第二，农村金融服务"村村通"。推动金融服务在农村的开展和普及，在农村的社区超市、供销经营店设置自助服务终端和网络支付端口等。把普惠金融重点放在乡村，不断增强农村地区基础金融服务的覆盖率、普惠性和满意度，让广大农民能够以平等的机会、合理的价格享受到符合自身需求特点的金融服务。在农村宣传非现金支付并实现相关优惠活动的推广，在生活用品的购买上加大金融服务的宣传。

第三，农村金融产品创新。开展农业农村金融保险创新，充实农村金融、农业保险政策储备。参考《中国人民银行、银保监会、证监会、财政部、农业农村部关于金融服务乡村振兴的指导意见》明确的重点支持领域，根据地方农业农村金融需求，选择创新的主题和内容，编制服务事项方案和规划，试点区域向贫困地区，特别是“三区三州”等深度贫困地区、定点扶贫县倾斜。发挥财政资金杠杆作用，推动解决新型农业经营主体贷款难、贷款贵、风险高问题。每个创新试点服务事项年度采购资金额度上限100万元（不含），主要用于鼓励金融机构降低新型农业经营主体的信贷保险成本，不用于信贷风险补偿。每个创新试点服务事项须创设至少一个信贷产品或保险产品，突出创新性、前瞻性、可行性和持续性。紧密依托互联网手段，探索相关涉农信息数据共享共用。创新试点服务事项产品均应在农业农村部新型农业经营主体信息直报系统中上线，点对点为使用直报系统的新型农业经营主体提供信贷保险服务，及时核验反馈相关新型农业经营主体生产经营信息，为探索构建新型经营主体信用评价体系积累数据和经验。

强化银行和保险的合作，设计出适合新型农业经营主体的融资产品，以贷款保证保险为手段推行小额贷款方案，以及以农业生产设备为抵押进行贷款，缓解农业经营主体的压力。发挥吉林省、黑龙江“两大平原”和四川省成都市等全国农村金融改革试点地区先行先试优势，围绕农村土地制度改革、农村集体产权制度改革、粮食收储和农产品价格形成机制改革等乡村振兴重点改革任务，创新金融产品和服务方式，做好农业高质量发展金融服务，继续推进绿色金融改革创新试验区创新发展，探索建立支持绿色信贷的正向激励措施，加强绿色债券市场制度建设，促进乡村旅游和生态农业发展。

第四，农村信用体系建设。利用现在大数据和网络信息化搭建信用中介平台，对农民进行信用等级评估，同时进行信用信息整理，对村庄整体信用评级，推进“信用户”“信用村”“信用乡镇”的创建，提高农民融资可得性和降低融资成本。信用体系的建设可以减少信息的不对称性，提高资金使用效率，实现小额贷款在农村的普及，进而推进农村的扩大再生产，提高农民生活水平。成功实现农村信用体系的建设，需要加强农民信用知识的教育，提高信用意识，改善农村信用环境，是信用农村建设的基础，也是农村信用政策制定的重要手段。

我国作为一个农业大国，农村地域辽阔，具有庞大数量的农民。农村信用体系作为社会信用体系的一部分，向上涉及政府相关部门和各类金融机构，向下涉及农村及其村民，涉及面广，信用体系复杂，做好建设不能忽略统一思想的形成，要让各级地区的村民都认识到信用体系和环境建立的重要性；不能忽视人民银行的领导作用，引领各类银行和金融机构积极参与，根据市场需求设计出合理的金融产品，提供优质的信用服务。

（十）“三行动”之“农业绿色发展行动”

习近平总书记指出：“绿色发展，就其要义来讲，是要解决好人与自然和谐共生问题。”[①] 农业发展也不能与绿色发展脱钩，以环境友好型和资源节约型为导向，形成农业的绿色生产，对农业用水分配、河水流域生态多样性保护、农业突出问题治理和废弃资源循环利用都提出了要求。

第一，国家农业节水行动。建设节水标杆乡村，推行节水行动。对农业灌溉水量进行定额控制，建立节水行动的长效机制。明确农业水权，确定合理水价，并对节水行动建立补贴奖励机制。对农业用水量进行更细的划分，细致到各个灌溉区，加强灌溉试验网点的建设，对不同的灌溉区域和不同的农作物的灌溉用水量定额。现在全国高效灌溉效率达到61.5％，继续加强节约水量灌溉工程与农艺、农机等措施的融合。同时对土地开垦制定更严格的标准，寻找耕地和未开垦土地之间的平衡点，一方面保护耕地，另一方面降低耕地开发利用强度，轮番耕作，制订休耕计划。对土地的动植物资源进行全面调查、鉴定和利用，分类管理各物种。保护海洋环境的健康，对渔业实行管控，严格执行禁渔制度、规划禁捕区域以及制定限捕规则，建设海洋保护区。

---

① 习近平总书记在省部级主要领导干部学习贯彻党的十八届五中全会精神专题研讨班上的重要讲话。

第二，水生生物保护行动。水生动物的保护，其利益和压力涉及个人与政府，鼓励渔民进行专业捕鱼，并且对禁捕实行补偿，保护渔民的利益，施加惩罚的压力。同时加强对当地政府的压力，加强对禁捕制度的严格执行，把渔船的控制目标列入政府的考核性指标中。重点水域的水生生物保护力度亟待加强，包括在重要水生生物的关键栖息地增殖水生生物资源，实施珍稀濒危物种拯救行动计划，进一步规范水生生物保护区、水源涵养区、江河源头区及生态脆弱地区等重要地区的开发建设活动，加快实施捕捞渔民的退捕转产，建立健全水域生态补偿机制，推动落实责任分工和工作推进等，提高中华鲟、长江鲟、长江江豚等珍稀物种及其水域环境监测评估的动态化、网络化、信息化水平。统筹处理好保护与建设的关系，进一步规范水生生物保护区、水源涵养区、江河源头区及生态脆弱地区等重要地区的开发建设活动等。同时，加快实施捕捞渔民的退捕转产，建立健全水域生态补偿机制，推动落实责任分工和工作推进等。

第三，农业环境突出问题治理。重点关注土壤污染问题，积极开展土壤污染情况调查，对有污染土地进行相应的整治和管理，有序推进治理和修复，尤其是重点加强对有色金属污染地区的治理修复。对各地的地下水采量进行控制，加大地下水超采的治理强度。实现城镇排放监测系统的全面覆盖，严格执行法制监管，严格把好城镇污染处理排放关，并且将执法逐渐向农村延伸，禁止未达标排放物排向农村。

对农业污染治理的范围进行扩大，从更宽的根源上解决农业污染问题，并扩大重金属污染耕地的修复范围，尤其是东北黑土地的保护力度亟须加强，促进土壤的恢复，实现当地产业的兴旺。

第四，农业废弃物资源化利用。实现农村物资循环利用体系，探索农林产品加工废弃物的功能，实现资源的循环利用，实现农村资源收集、转化、利用的链条机制，加强对秸秆焚烧禁令的宣传，并且严格执行，试点推进对地区畜禽粪污的处理。推行畜禽粪污处理试点，使75％以上的粪污都得到循环利用，特别是密集区域的畜禽粪污、秸秆、死亡畜禽以及农田垃圾等废物的有效利用。推行地区水产绿色养殖，加大海滩养殖环境的治理，保持海滩环境健康。探索农林牧渔的循环利用模式，形成稳定的农林生态系统，恢复农林业的生态系统和生态链。

第五，农业绿色生产行动。为实现农药的有效利用，限制农药的用量，减少环境污染，推行水肥一体化、机械施肥等模式，强化统防统治、绿色防控，推行农药减量技术，对化肥和药物的利用率达到40％以上的农作物，应制定更严格的农兽药残留量标准。对药品进行创新，保证研制出的药品对环境污染少或者有益，同时，研制出保证农作物健康的有机肥料并进行批量生产和推广，实现全国化肥农药减量增效，形成绿色的病虫防害系统，化肥农药的使用量实现负增长。

(十一)"三行动"之"农村人居环境整治行动"

坚持乡村振兴战略20字总要求中的"美丽宜居"建设,逐步推进乡村的三大改革,处理农村垃圾和污水,提升乡村风貌,提升农民的整体生活质量。党中央、国务院高度重视改善农村人居环境。2013年5月,习近平总书记对农村人居环境工作作出重要批示,总结已开展乡村治理的省市县的经验,对行之有效的政策和措施进行推广。建设新农村要坚持因地制宜,规划带领乡村治理,针对突出问题进行解决,逐步全面改善农民的生活。习近平总书记和李克强总理曾多次在不同场合强调农村环境整治的重要性,国务院上下逐步落实,贯彻习近平总书记的重要讲话精神,农村人居环境改善得到了一定的进展。

第一,农村垃圾治理。2015年,经国务院同意,印发了《住房城乡建设部等部门关于全年推进农村垃圾治理的指导意见》,建立了农村生活垃圾全面治理逐省验收制度。截至2017年年底,全国农村生活垃圾得到处理的行政村比例从2013年的36.6%已提高到74%,近3年年均提高8.7个百分点。同时,针对不同村庄的交通便利程度以及与城镇的距离不同,采取不同的垃圾处理方式,交通基础设施完善的村庄可以和城镇一起进行生活垃圾无害化处理,而对于交通不方便、转运成本较大的农村中的生活垃圾可以各自分散处理,减轻处理压力。全面总结不同条件的优质农村垃圾处理模式的经验,将其推广到相同条件的农村,完成农村垃圾处理的总目标。

第二，农村生活污水治理。农村生活污水的治理可以采取纳入城市管网、建村集中污水处理站、建分户污水处理设施任何一种处理方式，平均每户的建设费用是 1 万元。以县为单位开展农村生活污水统筹治理示范，总结并推广示范县经验，扩大示范县数量，针对不同条件的村庄设立不同的污水处理设施，城镇附近的农村可以利用城镇的污水处理设施和服务处理本村的污水；距离城区较远且村庄密集人口较多的区域，可以集结多个村庄，对多个村庄的污水进行连片处理；在人口稀少距离城区远的村庄建立小型污水处理站，对污水的源头和尾水同时处理。

第三，“厕所革命”。农村厕所带来的问题逐渐凸显，厕所污水量少但污染力度强，容易引发村民感染疾病，加快农村地区厕所治理的步伐刻不容缓，加快推进农村户用厕所的建设和改造，同时执行粪污的处理措施。农村厕所的修建应根据群众接受程度、性价比、使用和维护方便度、不污染公共水源的标准进行改建。在新农村建设战略推进过程中，应配套无害化厕所的修建，对于人口密集较大的村庄修建无害化公共厕所。无论建设或改何种卫生厕所，都必须同步对厕所粪污进行处理或资源化利用，不能厕所改了，但粪污仍然直接排放。

第四，乡村绿化行动。实现农村绿化的全覆盖，严格保护现存的古树古木，实现 2 万个乡村的内外绿化，以及农田林间绿化，建设 1 万个国家级森林乡村和 2 万个省级森林乡村。农村古树名木挂牌保护率达到95%，基本实现"山地森林化、农田林网化、林屯园林化、单路林荫化、庭院花果化"的乡村绿化格局。

第五，乡村水环境治理。在湿地地区建立乡村小区，加大湿地保护和恢复工作，治理乡村河湖体系。完成农村饮用水源的规划，以提供村民饮水的水源和环境敏感水源为重点进行保护。全面采取措施，消除农村水污染，改善农村水质量。

第六，宜居宜业美丽乡村建设。吸引更多的社会资本入乡投资，丰富美丽乡村的建设内容，以建设、经营、传承三类同步建设，逐步健全完善美丽乡村的利益共享机制，让各方都享受到乡村美丽带来的利益，打造一个中国美丽乡村的模板。

（十二）"三行动"之"乡村就业促进行动"

完善就业体系，拓展就业空间，提高劳动者素质，实现高质量的充分就业。实施乡村就业创业促进行动有利于推动政策落实，搭建公共服务平台，引进和培育更多的创业创新主体，建设乡村人才队伍；有利于培育新产业新业态新模式，壮大乡村优势特色产业，促进农村一二三产业融合发展；有利于推动城乡要素双向流动，实现人才、资源、产业向乡村汇聚，构建城乡融合发展的体制机制。

第一，农村就业岗位开发。不断加强县域经济的能力，发展当地特色产业，提供当地特色就业岗位，实现乡村经济多元化发展。吸引有能力的产业和企业入驻，合力推进产业进行转移，有组织地开展劳务输出，创造更多适合转移就业的劳动力机会，拓宽农民的就业空间，建设劳动力转移示范基地。利用农村基础设施的建设，吸引就近农村劳动力务工，取代以工代赈从而解决农民经济压力。

第二，农村劳动力职业技能培训。鼓励贫困劳动力参与到培训活动中，通过各项保障，鼓励贫困劳动力积极参与到创业和培训活动中，给未参加职业培训的劳动力发放生活补贴，对于创业的劳动力，可以给予现金补贴税费减免等方式鼓励乡村创业。针对农村人口不同的贫困等级，给予不同的补助方式，对技工院校建档立卡贫困家庭学生提供学费减免和发放助学金，对在外就业的给予一次性就业求职补贴，对具有就业困难的人口提供公益性岗位并给予补贴。采取订单式、定向式和定岗式培训，使农村初高中未毕业的新农民工获得职业生活技能，使各类岗位上都有相应的工作人员、农村贫民工能得到保障生活的职业。

第三，城乡职业技能公共实训基地建设。利用各地区现有设备和基础设施，并依照现有地区实际，建设一批布局合理、具有准确的定位、功能突出、信息网络设施完善的县市级职业技能培训基地。

第四，乡村公共就业服务体系建设。对农村劳动力资源开展统一调查，并形成动态化管理，完善基层公共服务体系，提供更多基层岗位，加强行政村的基层建设，增加基层服务就业岗位，同时搭建一条线上线下一体化的就业信息服务链。加强劳动者的思想技能培训，为其打造终身学习的理念和条件，为劳动者提供适应就业、不断成长的职业技能培训。

第五，完善制度保障体系。为就业人员提供公平竞争、同工同酬的就业环境，建立规范有序、城乡统一的人力资源市场，建立健全法律法规体系，保障农村劳动力的合法权益，协调政府、工会、企业三者的关系，形成和谐统一的劳动关系。逐步落实就业扶持、人才激励、金融支持等相关政策，对贫困就业人员实行分类帮助。

（十三）“三计划”之“乡村治理体系构建计划”

乡村治理体系的建设必须始终坚持以习近平新时代中国特色社会主义思想为指导，全面贯彻党的十九大精神，统筹推进政治、经济、社会、文化、生态“五位一体”的布局以及全面建设社会主义现代化国家、全面深化改革、全面依法治国、全面从严治党“四个全面”战略布局。按照建设产业兴旺、生态宜居、乡风文明、治理有效、生活富裕的乡村为总要求，加固国家的基础，促进国家对乡村的统一领导，以保障和改善农村民生、促进农村和谐稳定为根本目标，建立以党委领导、政府负责、社会协同、公众参与、法治保障、科技支撑的现代乡村社会治理体制，以自治增活力、以法治强保障、以德治扬正气，健全党组织领导的自治、法治、德治相结合的乡村治理体系，构建共建共治共享的社会治理格局，走中国特色社会主义乡村善治之路，建设充满活力、和谐有序的乡村社会，不断增强广大农民的获得感、幸福感、安全感。

第一，乡村便民服务体系系统。为加快综合服务设施的建设，严格按照每户居民的综合服务面积进行建设。推行综合服务现代化，利用互联网的发展，建设综合信息服务平台。农村社区社会组织是农村发展的基础，健全分级培训制度，提高农村社区工作者的能力和素质。

第二，“法律进乡村”宣传教育。完善农村法律程序，严格执行基层法律程序，加强乡镇执法人员的培训，规范乡村的执法程序，将涉农事务也纳入法治程序。大力开展“民主法治示范村”创建，深入开展“法律进乡村”活动，实施农村“法律明白人”培养工程，培育一批以村干部、人民调解员为重点的“法治带头人”。利用农村各地特色集会、庙会组织宣传人员、志愿者、调解员等宣传法治教育活动，发放法律资料和相关法律读物，并提供法律咨询。编排有关法律的文艺演出，以群众喜闻乐见的形式将法律普及各家各户。

第三，“民主法治示范村”创建。民主法治村的建设以民主选举、民主协调、民主决策、民主管理、民主监督为原则，实行公开化，实现农村事务、财务公开，农民实现自治，提高农村法制化管理水平。农村群众强烈反映的问题应围绕中央的法律部署，加大乡村的普法强度，引导干部群众自觉养成守法的品质，以民主法治建设为载体，推动法治精神植入人民群众。法律建设的各个环节都与乡村建设相关，重点利用县级司法局和乡镇司法在乡村建设中的作用，让各省（市、区）和各地司法行政机关的领导提高对法治乡村建设的高度重视，加强组织的领导以统筹协调，法治乡村的建设为法治国家、法治政府、法治社会的建设奠定基础。

第四，农村社会治安防控体系建设。加固农村防疫系统网络的外壁，在人口密集聚集处设置防警装置以及治安室，加强农村综合治理中心的规范化管理，进一步深化农村网格化服务管理，加强农村大型群众活动的安全管制，形成因地制宜具有农村特色的社会治安防控格局。

第五，乡村基层组织运转经费保障。为乡村治理提供足够的经费，保障乡村社会治理基础设施的建设。保证基层干部的干事效率和质量，将村干部的绩效考核与报酬挂钩，激励基层干部。配套干部培训基地，逐步提升村干部的素质，培养干部在新时代做出新作为，创新各地乡村治理机制，避免形式主义、官僚主义污染党组织风气，提高组织费用的利用效率。村级组织开展示范村先进典型宣传活动，营造创新农村积极氛围。为保证经费的价值发挥到最大，定期展开检查活动，建立激励约束机制，保证公共财政的支持力度，提高集体经济收益的稳定性，完善集体收入自我补充的保障机制，提高村级组织运转的保障能力，为乡村振兴战略的实现奠定了基础。

（十四）"三计划"之"农村公共服务提升计划"

国家社会的发展需要充分发挥农村基层的基石作用。教育、医疗、社会保障等资源都应重点加强向农村投入，建立一套全面覆盖农村的基本公共服务体系，让全民所有、互惠共享社会的公共资源，实现城乡一体化均等化。整体提高国民的基本素质，着力推进农村教育建设，统筹规划教育资源在农村的分布以及利用，保证农村的学生都能够得到必需的教育，积极推进义务教育的标准化建设和资源配置，深入推进贫困地区教育设施和师资力量的供给和改善，并且对贫困地区的学生提供补助，降低入学门槛，加强住校学生基础设施的建设，提升教育质量，实现学校教育学资源的均衡化。加强推进国家卫生项目的推进，进一步降低群众享受国家医疗服务的门槛，为广大人民群众提供更全方位、全周期的卫生服务体系。加强各种疾病的防御，加强慢性病、地方病的综合防控，推进农村地区的精神健康、重大疾病的防治。恪守国家制定的底线、筑成严密的卫生网线、完善卫生机制，全面建成全民享有、城乡统筹、权责明晰、保障适度的多层次社会保障体系。面临人口老龄化，应建成适应当前形势的以居家为基础、社区为依托、机构为补充的多层次农村养老系统。农村卫生系统的建立以预防为主、救治为辅，坚持减灾与救灾结合，全面提高国家各类灾害的综合防御能力。

第一，乡村教育质量提升。对农村地区义务教育学校进行合理布局，对不满足标准的、规模较小的学校进行改善和扩建，以达到乡村小规模学校和乡镇寄宿学校的基本办学标准。加快中西部教育的发展，逐渐实现乡村义务学校的教师标准配置和校舍、配套基础设施的建设。加强教育薄弱地区的幼儿教育、高中阶段教育，提高国民的教育水平，建设师范生培训中心和乡村教师培训建设中心，加大乡村教师的培训，提高教师的教育能力和水平。扩大特岗计划规模，招聘更多的教师承担特岗教师的责任，同时积极落实特岗教师的待遇。加快实施“三通两平台”建设，加快农村中小学信息基础设施的建设。

第二，健康乡村计划。实现卫生院、社区卫生服务机构和村卫生室的统一建设，符合标准化要求，基层医疗机构符合要求的能够达到95%以上，乡镇发展好能力强的卫生医疗服务机构能够达到一级或二级水平，深入开展国家医疗服务机构的目标功能，积极有序、健康宜居的典型示范乡村。

第三，全民参保计划。全面覆盖社会保障服务功能，让人民群众都参与到参保计划中，全民登记，建立并且完善一个完整、准确、动态的社会保障基础数据库。尤其鼓励在城乡之间流动就业和长期居住的农民继续参保，积极推进社会保障卡，实现全员覆盖。通过优化政策、加强宣传、严格执法、提升服务、逐人逐户登记确认等措施，进一步扩大基本养老保险覆盖人数。

第四，村养老计划。大力发展农村互助养老计划，大力宣传邻里互助、亲友互助、志愿互助等品质。依托农村社区综合服务中心、村卫生室、农家书屋、全民建设设施等，为老年人提供关爱服务。统筹规划建设公益性养老服务设施，实现一半以上的乡镇都有农村养老院设施。

（十五）“三计划”之“乡村振兴人才支撑计划”

人才兴则事业兴，人才强则乡村强。习近平总书记在参加十三届全国人大一次会议审议山东代表团时强调，要推动人才振兴，并指出，“把人力资本开发放在首要位置，强化乡村振兴人才支撑，加快培育新型农业经营主体，让愿意留在乡村、建设家乡的人留得安心，让愿意上山下乡、回乡报村的人更有信心，激励各类人才在农村广阔天地大施所能、大展才华、大显身手，打造一支强大的乡村振兴人才队伍，在乡村形成人才、土地、资金、产业汇聚的良性循环”。[①] 农村专业人才活跃在农村教育、生产、经营第一线，是农村生产力中最先进、最活跃的组成部分。培育新型职业农民是立足于农业农村发展实际做出的解决实施乡村振兴战略人才问题的重大举措，同时需要汇聚全社会的力量，促进人才向农村流动，聚天下人才而用之，不断强化乡村振兴的人才支撑。

第一，农业科研杰出人才计划和杰出青年农业科学家项目。加大“三农”领域人才的培育，稳步提高其工作服务保障水平。扩大农村科技人才队伍，将经营性和公益性科技相结合，融合发展；实行特聘计划，让农民通过提供增值服务获得相应的报酬。加强农业学院的学科建设，培育更多农业

---

① 《习近平总书记　李克强　王沪宁　赵乐际　韩正分别参加全国人大会议一些代表国审议》，人民网、人民日报，2018-03-09。

科技人才和提高学科水平，培养科技人才和创新团队，对农业职称制度进行相应改革，探索新型科技领域和交叉学科，如生物基因组研究、现代农业机械与设备的研究，每年选取一定数量的新青年科学家进行科技创新。

第二，乡土人才培育计划。全面完善职业农民培训制度，实行新型农民培育方案，采用弹性学制对农民进行中高等农业技能培训，提高农民人才供给质量，新的农民能够爱农业、晓技术、擅经营。鼓励农民专业合作社、专业技术协会、龙头企业等作为带头人，利用乡村振兴已实现的成果——示范乡村，开展田间课堂、网络教室等形式进行新一代职业农民技能提升的培训。并且制定新型职业农民职称体制，鼓励各地开展农民职称评定试点，同时提高职业农民的保障，鼓励参加城镇职工养老、医疗等社会保障制度。

开展乡土人才示范基地，实施农村实用人才"职业素质和能力提升计划"，培育一批"土专家""田秀才"、产业发展带头人和农村电商人才，扶持一批农业职业经理人、经纪人，培养一批乡村工匠、文化能人和非物质文化遗产继承人。

第三，乡村财会管理"双基"提升计划。提高农村财务处理的规范化水平，开展以建设乡村基础财务会计制度、提升基本财会人员技能和专业技术为重点的财会培训课程，实现集体经济组织、农民合作组织以及自治组织对财务处理的统一规范化。

第四，"三区"人才支持计划。乡村现在面临的较大问题就是人才的匮乏，需要带头人的引领，开展以乡情和乡愁为纽带的宣传，吸引社会各界人才投身于乡村建设。边远贫困地区、边疆少数民族地区和革命老区的发展，急需各界人才的扶持，需要引导企业家、党政干部、专家学者、医生教师、律师等人才通过担任志愿者、投资、行医办学、法律服务等方式加快乡村振兴的步伐，并且允许符合条件的公职人员返乡服务。“三区”（边远贫困地区、边疆民族地区和革命老区）人才支持计划需要大学生村官行动的推进，根据各地发展情况不同采取不同的“三支一扶”政策和高校毕业生基层服务等计划，建立城乡之间、区域之间、校地之间的人才互通培养的合作交流机制，建立长期稳定的城市医生教师、科技文化教员等服务乡村机制。资金保障方面也需要通过完善融资贷款、配套设施案涉补助和税费减免等补助政策，从而鼓励工商企业投入资本进乡村发展，推动乡村振兴事业的发展。

七　乡村振兴战略需要哪些保障作支撑？

确保乡村振兴战略的顺利实施，一是要毫不动摇地坚持和加强党对农村工作的领导，健全党管农村工作领导体制机制和党内法规，确保党在农村工作中始终总揽全局、协调各方；二是要坚决破除体制、机制弊端，使市场在资源配置中起到决定性作用，从而更好地发挥政府作用，推动城乡要素自由流动、平等交换，推动“四化同步”发展，加快形成工农互促、城乡互补、全面融合、共同繁荣的新型工农城乡关系；三是要健全投入保障制度，创新投融资机制，加快形成财政优先保障、金融重点倾斜、社会积极参与的多元投入格局，确保投入力度不断增强、投入总量持续增加；四是要注重规划先行、突出重点、分类实施、典型引路，加强各类规划的统筹管理和系统衔接，形成城乡融合、区域一体、多规合一的规划体系。

（一）政治保障

农村工作的开展必须坚持党的领导，才能形成乡村振兴战略的推进、农村优先发展和全面发展的根本保证，加强党对农村发展的重要性认识，切实落实好“重中之重”要求，进一步完善党领导农村工作的体制机制，不断提高党领导农村工作的制度化、科学化、专业化水平。基层党组织作为农村工作开展的主要力量，在政治功能上，要发挥宣传上级党的主张以及贯彻党的决定的功能，同时领导基层组织治理、团结动员群众，成为推动乡村改革的坚强堡垒。

第一，党管农村工作是我们党的优良传统。习近平总书记多次强调，办好农村的事情，关键在党，党管农村工作是我们党的传统，这个传统不能丢。一方面，这是由“三农”在全党工作大局中的地位所决定的。“三农”建设关乎国家民生发展，必须将农业农村农民的问题解决，这是全党上下重中之重的问题。与此同时，农业农村工作的开展必须加强党对“三农”工作的绝对领导，乡村振兴关乎的不仅是产业振兴，也必须以人才振兴、文化振兴、生态振兴、组织振兴为产业振兴提供必需的力量。

农业农村工作千头万绪，既需要分兵把口，也需要统筹协调，摆布好力量，形成整体合力，更好地发挥好我们党的政治优势和制度优势。同时，新的历史时期农村工作的复杂性艰巨性给我们提出了更高的要求。在供给侧结构性改革时期，农业处于供给侧结构性改革的关键阶段，农村经济处于深度转型时期，农民群体处于观念转变、诉求多样化时期，补短板、强弱项的任务繁重，组织动员农民群众的要求更高，“三农”发展形势更加复杂、任务更加艰巨。在这个关键时期，党对农村工作的领导只能加强，不能削弱，提高党的掌舵能力和谋划大局、制定政策、促进改革的定力，确保党始终总揽全局、协调各级，提高新时代党全面领导农村工作的能力和水平。

2019年1月，中共中央印发了《中国共产党农村基层组织工作条例》（以下简称《条例》），并发出通知，要求各地区各部门认真遵照执行。《条例》指出，党管农村工作是我们党的优良传统，重视并抓好党的农村基层组织建设是党员领导干部的政治责任。各级党委（党组）一定要从巩固党的执政基础的高度出发，始终坚持农村基层党组织领导地位不动摇，特别是县级地方党委要把加强党的农村基层组织建设作为管党治党的重要任务抓紧抓好，采取有力措施，强化责任保障，推动《条例》落到实处、见到实效。通过传统媒体和新媒体双管齐下的方式加强党组织成员的学习，组织各党组织和广大党员、干部集中学习和研讨，深入贯彻《条例》精神，不漏下任何一个党支部和党成员，要求每个党员全面、系统地掌握《条例》的内容，将思想和行动统一，全部集中到中央部署安排上来，切实落实好《条例》。开展《条例》专项培训课程，将其纳入党委（党组）理论学习和党校（行政学院）的课程学习中，对县、乡、村三级的党组织书记进行轮番培训，发挥好领导作用，加强农村基层的工作、农村党支部建设的能力。监督功能是解决《条例》中所涉及问题的必要环节，中央有关部门必须加强对相关部门的监督职能，确保各项规定和要求都能切实执行并且达到标准。

第二，坚持和完善党对“三农”工作的领导。必须坚持三农工作的逐步开展和引进，为乡村振兴战略的推动提供可靠的基础，为“三农”发展提供政治保障。办好中国的事，关键在党。农村改革的关键在于党的领导，坚持党在改革中确定的方向和规划，稳定党开展工作的定力，提高新时代党中央的能力，同时提升各级党组织领导工作开展的水平。

一是健全以党组织为核心的组织体系。农村基层必须以党组织为核心开展工作，鼓励村两委班子的交叉任职形成相互监督，鼓励党组织书记按照法定程序担任村民委员会主任和集体经济组织、农民合作组织负责人，从而坚定党组织的中心力量；鼓励成立村务监督委员会，其成员由非村委组织的村党组织成员或党员组成；明确党员的重要性和领导地位，在村委会和村民代表中应当包含一定数量的党员。提高基层党组织和党员在脱贫攻坚和乡村振兴中的威信和影响。农村新兴经济组织和社会开展的党建工作必须以为农民服务为主要方向开展相关活动。

二是加强农村党员队伍建设。推进“不忘初心、牢记使命”学习教育更加常态化制度化，积极引导农村党员自觉学习习近平新时代中国特色社会主义思想，武装各党员的头脑，提升思想水平，实现农村党员的教育普遍化、管理严格化、监督规范化。严格开展党组织省会，落实“三会一课”、主题党日、谈心谈话、民主评议党员、党员联系农户等制度。不能忽视无职党员的作用以及青年农民、外出务工人员以及妇女的党员发展力度，规范记录党员流动情况，扩大党内基层民主，实现党政事务公开，对不合格党员的处置稳定有序开展。创新党内激励制度，鼓励党内互帮，定期组织党员慰问农村高龄党员、生活贫困党员，解决生活中遇到的实际困难。

三是加强农村基层党组织带头人队伍建设。开展农村党组织领头人优化建设活动。优秀组织带头人主要选自本村致富能人、外出经商人员、本乡大学毕业生以及退伍军人，从源头上，整体提高带头队伍的能力水平。以县为单位对每个村进行分析，集中各村党组织进行调整优化，乡镇领导干部、公务员和乡镇事业编制人员可从优秀村委党组织书记中选拔。必须保证贫困村、软弱涣散村和集体经济薄弱村都由党组织派出一名优秀的第一书记，实现稳定的长效机制，保证够质够量的村级人才储备，每个村可以通过本土人才回引、院校定向培养、统筹招聘等途径，实现人才的稳定供给。

第三，完善党的农村工作领导体制、机制。“村子强不强，要看领头羊。”作为处在乡村振兴最基础、最坚实的力量，包括村书记在内的党的农村带头领导的安排关系到乡村振兴战略能否切实落实、惠及百姓。

一是完善工作机制，落实五级书记抓乡村振兴责任。习近平总书记明确提出乡村振兴战略的职能分布，明确指出了谁来领导、谁来负责、谁来落实的问题，中央统一规划，省级承担总责，市县负责任务的落地实施，五级书记抓乡村振兴战略的推进，严格推进领导责任制的实行。发挥中国特色社会主义的政治优势、制度优势，使得乡村振兴的各项工作落实落地，五级书记抓乡村振兴的责任机制，促进各级党委和政府的负责人对战略的落地实施亲自谋划，只有五级书记把乡村振兴作为“一把手工程”，把责任扛在肩上、抓在手上，才能避免“三农”工作出现“说起来重要、干起来次要、忙起来不要”的现象，才能真正形成五级书记抓乡村振兴的生动局面，才能把党管农村工作的要求落到实处。在农村工作中加强党的领导，明确五级书记抓乡村振兴，无论从速度、质量上还是从效果上来讲，都将推动乡村发生翻天覆地的变化，“三农”领域的薄弱环节必将得到迅速而有效的改善。从省到村这五级中，省市主要抓统筹，抓规划，抓政策引领；实施主要是在县乡村三级，县乡不能仅做表面文章，不进行落实，必须落在操作层面，关键是把如何规划落实，在落实的过程中，必须坚持“强化两头、优化中间”的原则，其中，“一头”是中央，建设一个新的中央农村工作部或者给予先行中央农村工作小组办公室更大的职能权力，加强国务院农业部门的统筹协调，保证农业发展资源要素和制度的稳定可靠供给，避免被本位主义牵着鼻子走。另“一头”是县里，县委书记是乡村振兴“一线总指挥”，但是县委书记的主要工作重点倾向于工业园区的建设和招商引资上。“中间”是省市两级，建议把省市农委（办）设置为党委工作部门，实现有机构、有人员、有编制、有权威。总之，只有不断建立健全农村工作领导体制，落实党的“三农”政策才能有坚强有力的组织保障和行动抓手。

二是强化农村基层党组织建设责任与保障。从严治党的标准延伸到基层党组织，将其落实到各级党委的头上，县乡纪委的监督责任必须落到实处，将脱贫攻坚和乡村振兴的实施情况作为县乡党委书记的政绩考核内容，并且在巡视工作中进行重点考核，纳入领导班子的考绩和作为选拔领导干部的重要依据。强调各级党委的主体责任，要吸取农村基层组织建设经验，形成相应的制度保证。一是强化责任的落实，明确各级党委特别是县级党委对农村基层党组织建设的直接责任，采取考核、巡视巡察、问责追责等措施提高责任的承担效果。二是强化抓乡促村，加强对软弱涣散乡村的整顿，推进基本组织、基本队伍、基本制度、基本活动、基本保障的建设，促进整乡提升，从而促进整县提升。三是强调基础保障，健全村级运转经费保障制度，经费主要以稳定的财政收入为主，明确村干部基本薪酬、村级组织办公经费、服务群众经费、党员活动经费、正常离任村干部生活补贴，利用好村级组织活动场所等。四是强化关心激励，通过各级党组织人情关怀农村基层干部和党员，政治上激励、工作上支持、待遇上保障、心理上关怀，评选优秀农村基层干部典范，发挥榜样力量，激励新担当新作为。

（二）制度保障

深入推进农村改革，实现乡村振兴的制度供给。习近平总书记曾提出，改革是乡村振兴的重要法宝。从土地改革入手，带领新一轮的农村改革，将主体、要素、市场进行全面化的激活，乡村振兴的着力点在于要清楚体制机制障碍，为乡村发展注入新的活力，主要从四项改革入手。

第一，深化农村土地制度改革。农村土地既是自然资源也是生产要素，具有重要的生产、生活、生态功能，市场价值和发展潜力不容忽视。完善土地承包政策，稳定农村土地承包关系并保持长久不变，在坚持和完善最严格的耕地保护制度前提下，赋予农民对承包地占有、使用、收益、流转及承包经营权抵押、担保权能。引导和规范农村集体经营性建设用地入市，在符合规划和用途管制的前提下，允许农村集体经营性建设用地出让、租赁、入股，实行与国有土地同等入市、同权同价，加快建立农村集体经营性建设用地产权流转和增值收益分配制度。完善农村宅基地管理制度。改革农村宅基地制度，完善农村宅基地分配政策，在保障农户宅基地用益物权前提下，选择若干试点，慎重稳妥推进农民住房财产权抵押、担保、转让。在进行农村土地产权改革的同时，总结农村土地改革试点的经验。在相关法律基础上进行修改，并为实现城乡统一的建设用地完善配套的市场机制。

第二，深化农村集体产权制度改革。新时代下农村改革的重点就是土地改革，重点在于处理农民和土地的关系。在进行第二轮土地承包到期后再延长 30 年政策的前提下，同时稳定农村土地承包关系并且长期不变的条件，进行农地“三权”分置改革，并制定与其配套的政策和法律法规。从而释放出农村剩余劳动力，促进城乡资本投资农业生产经营，促进农地经营规模适度扩大增大，通过不断培育新型农业经营主体，实现农地、资金、技术、人才等资源的最优化组合。

第三，以家庭农场、农民合作社为重点培育新型经营主体。我国的基本“农情”为“大国小农”，我国正处于也仍将长期处于以小农户家庭经营为主的基本模式，因此处理适度规模经营与小农户的关系必不可少，一方面发挥适度规模经营的领导作用，另一方面不能忘却小农户这个基本面。2019 年中央出台了《关于促进小农户和现代农业发展有机衔接的意见》，为实现农户小规模经营与现代化市场的有效对接，完善“农户＋合作社”“农户＋合作社＋公司”利益联结机制，同时形成多种方式，如社会化服务组织等，推动衔接的实现。

第四，完善农业支持保护制度。我国作为农业大国，但农业一直属于弱势产业，主要以小规模经营为主，因此需加大对农业的保护，以及增加必要的补贴。完善财政支农政策，增加“三农”支出，按照稳定存量、增加总量、完善方法、逐步调整的要求，积极开展改进农业补贴办法的试点试验。进一步推进农业高质量绿色发展，以增加总量、优化存量、提高效能为原则，制定新型农业补贴政策。统筹兼顾市场化改革取向和保护农民利益的关系，调整改进“黄箱”政策，扩大“绿箱”政策使用范围，健全符合国情农情、适应世贸组织规则的农业支持保护体系。

（三）投入保障

乡村振兴的保障来自人、地、钱、资源向农村倾斜，才能为振兴提供发展的物质基础。习近平总书记指出，乡村振兴的物质保障是人才和资源，如果人才、土地、资金等要素流向的仅是城市，则乡村振兴的造血机制不能成功建成，乡村长期处于“失血”和“贫血”状态，何来振兴一说。深入探索城乡要素流动存在的缺陷，疏通城乡要素流动的管道，实现要素平等交换。根据各地进行战略推进情况来看，目前最主要的瓶颈是缺乏高素质人才、缺乏金钱的投入、缺乏产业发展用地，因此需要高度重视人、地、钱在城乡融合发展体制机制中的作用，并解决由此带来的相应问题。

第一，解决好人的问题，重点是培养懂农业、爱农村、爱农民的“三农”工作队伍。这支工作队伍的建设不只是对新型农民的培育亦是对基层组织的要求，这支队伍不仅专业而且对“三农”有感情，农业部门肩负着增加农民收入和增加产量的重担，与农民有着最直接的联系，为农民提供最具体的服务，农业部门深入农民群众，发挥职能优势，符合懂农业、爱农村、爱农民的根本要求。中国面临老龄化的问题，农民也逐渐老化，因此加强人力资本的投入，加快培育新型职业农民，鼓励各类人才返乡，解决乡村振兴的基本问题——谁种地、谁振兴。培育出的新型职业农民一定符合“一懂两爱”基本要求，并且加强对培育出的新型人才的利用，对在农村进行创业的人才提供相应的支持，让农村成为各界人才大展拳脚的新天地。

懂农业是乡村振兴的保障，农业是国民生存的基础产业，国家发展更不能缺少农业的发展。基层党组织和干部是乡村振兴的推进者和引领者，党员干部深入学习农村发展专题，解决农村发展什么、如何发展、目标是什么等问题，带领当地群众为共同的目标开展各项工作，从而实现乡村致富。农业的繁荣和农民的富裕都要求必须懂农业，在农业发展、农村建设和农业致富试点效果明显的地方挖掘优秀基层干部，并且在基层开展更多农业相关的专题培训教育，将理论与实践、经验与创新进行结合，整体提高工作能力和水平。

爱农是乡村振兴的基础。不断加强新型职业农民的培育，稳步提升其专业农业技能。同时，基层干部需要定力，专心解决农村如何建设、环境如何整治、村民如何团结等问题，实现新型农村的建设。提倡基层干部坚持“先农民之忧而忧，后农民之乐而乐”的信念，将农村的建设、发展作为基层组织自身的使命和责任。鼓励社会各界人士回归乡村进行建设，以志愿者身份或是工商资本入乡等形式投身于乡村建设，鼓励乡土人才返乡工作。

爱农民是乡村振兴的关键。“中国要富，农民必须富。”“没有农村的小康，特别是没有贫困地区的小康，就没有全面建成小康社会。”如在中央一号文件中所提出的，引导农民在乡村振兴中的主体作用，让农民成为吸引人的职业，培育更多的人成为新型职业农民。基层党组织作为党和农民的

"黏合剂"，积极引导农民树立党的新观念和新规划，加强对农民的鼓励和关心，团结群众，发挥党组织和群众的积极性、创造性，促进农民的全面发展，从而推进乡村振兴。

第二，解决好地的问题，重点是盘活农村闲置建设用地。目前建设用地紧张，将建设用地用于发展农业的难度非常大，因此引导各地活用闲置宅基地和农民房屋使用权，盘活农村闲置土地是保障农村产业发展的基础。大力开展在县域内整治闲置校舍、厂房、废弃地等，将零散的建设土地盘活，用于发展乡村新产业和创业基地建设。在盘活的同时不能忽略土地用途监管，坚决抵制将农地进行非农化建设。

一是完善农村土地管理制度。总结在农地征收、集体经营性建设用地入市、宅基地改革过程中的经验，扩大改革试点，并加快土地管理制度的修改速度。探索项目公共利益机制，制定征地补偿标准，完善集体经营性建设用地增值收益分配机制，为被征地农户提供长久的多元化民生保障机制。征地坚持公平取得、节约使用、自愿有偿退换的管理制度，在符合规划和管制的前提下，允许农村集体经营性建设用地出让、租赁和入股权能，对入市的范围和途径加以确定。

二是完善农村新增用地保障机制。将农业用地各项目进行整理，根据已经确定的土地利用规划和布局，在年度土地计划中可以新增一部分用于建设用地，"专地专用"用于支持农村农业发展。在农业生产过程中，会占用部分土地用于安装各类生产设施和机器设备，或者由于农业规模经营必须修建相应的配套设施，这些基础设施的修建必须保证在不占用农田的条件下，采用设施农用地管理办法，采取备案制，在县级进行备案。创新农业生产用地与村庄建设用地的复合使用模式，进而发展农村新产业新业态，开发土地的多重功能。

三是盘活农村存量建设用地。完善闲置宅基地和闲置农房处理政策，明确宅基地“三权分置”的定位，宅基地所有权归属集体，农户拥有宅基地资格权，农民享有房屋财产权，合理盘活宅基地和农民房屋的使用权，禁止在法律法规不允许的条件下买卖宅基地，严格遵循土地用途管制政策，严厉打击私自在农村宅基地上修建别墅和商业会馆。在遵循土地使用规划的前提下，允许县级政府调整村土地的规划进而优化土地使用布局，高效利用分散土地归集为建设用地。对整合农村闲置建设用地用于发展农村新产业新业态的，以新增加建设用地指标为奖励，鼓励高效利用农村零散建设用地发展农业。

第三，解决资金问题，关键是拓宽乡村振兴资本的源泉及渠道，形成财政优先保障、金融专项扶持、社会共同参与的多元投入格局。当前财政部、人民银行分别出台了保障乡村振兴多元投入、完善乡村金融服务的指导意见；国土资源部出台了新增耕地指标国家统筹、增减挂钩节余指标跨省域调剂的政策，增加了“三农”投融资途径。下一步应持续调整财政支出结构，完善投入保障机制，不断提高广大农民群众在土地增值收益中的分配比例。在过去，各地所获得的土地出让收益主要从农村流入城市，用于农业农村建设的比重只占三成，2018 年该比重还出现下降。针对这一现状，习近平总书记明确指出要把土地增值收益更多地用于“三农”。目前的改革方案重点在重调规范土地出让收益使用范围，提高“三农”投入比例，着重农村人居环境整治、村庄基础设施建设和高标准农田建设等关键领域。同时，激励社会资本投资农业农村，发挥好民营企业的力量。

一是健全财政保障制度。乡村振兴，资本、土地、人才极为重要，但资本最为关键。向农村倾斜提供公共设施是在兜底线、织密网，使公共服务辐射到广大农村，回哺以前农村的贡献。必须明晰和落实各级政府和部门的投入责任，加大对“三农”的支持力度，确保各级财政投入与各地目标任务相匹配。加强地方为主、中央补助的政府投入体系，鼓励地方政府发行用于农村公益性项目的一般债券，鼓励地方政府试点发行专项债券，支持符合条件、有一定收益的乡村积极参与公益性项目建设。创新财政涉农资金使用形式，推行一事一议、以奖代补、先建后补、贷款贴息等多种方式。大力推进城乡基本公共服务均等化，倾斜公共财政使用，使公共设施向农村普及，公共服务向农村覆盖，加快整治农村人居环境。将社会福利和民生保障的重点放在促进农村公共教育、医疗卫生、社会保障等方面。优质的资源优先向农村分配和调动，逐步健全全民覆盖、普惠共享、城乡一体的基本公共服务体系。

二是加强金融支持力度。乡村振兴仅仅依靠国家财政投入是无法实现良性循环和持久发展的，而农民的收入普遍相对较低，也不能仅靠农民，所以还需要良好的金融支持生态系统。众所周知，快速和高效的金融运转能够实现降低企业成本、分散投资风险、增强流动效率，而这正能给农村带来大量的资金来源和分销渠道。由于农业农村产业本身属性和资本的逐利特质，一般情况下，资本和银行不会主动青睐农业农村产业，因此中央需要主动加强金融支农力度，倾斜金融资源配置，致力改善我国农村农业发展的关键领域和薄弱环节。加快创新农村金融衍生产品和服务，构建农村金融服务链。积极进行农村土地承包经营权、农民住房财产权、集体经营性建设用地使用权抵押贷款试点工作，有效破解农民借贷难题。设立重点在乡村的普惠金融，引导各类金融机构和银行通过网络站点和移动终端提供普惠金融服务。支持鼓励符合条件的涉农企业进行股份制，重组并购和挂牌上市，深入推进建设农产品期权期货交易市场，充分利用资本市场挖掘农业农村价值。发挥奖励、补贴、税收优惠等政策工具优势，有力强化“三农”金融服务。灵活运用再贷款、再贴现等货币政策工具的传导机制，信贷政策结构性调整以乡村产业发展和农民增收为重要方向。创新国家信用担保基金使用，加快派生“三农”信用担保体系。落实县域金融机构涉农贷款增量奖励政策，完善涉农贴息贷款政策，降低农户和新型农业经营主体的融资成本。

三是建立健全社会参与的多元投入格局。首先必须妥善处理且高效分配土地增值。土地出让收益来源于农村，也必须回流入农村建设与农业发展，如前文所提及，必须实际提高土地出让收益用于建设农业农村比例。重新调整土地出让收入用于农业农村的规模，逐步提高乡村建设的财政投入；审慎制定高标准农田建设等新增耕地指标和城乡建设用地增减挂钩节余指标跨省域调剂政策，国家统筹将其所得收益通过财政支出计划预算全部用于支持乡村建设与发展；坚持推进市场化和公平的营商环境，激活农村就业创新能力，壮大和充实农村经济；落实和完善鼓励融资贷款考核机制、相关奖励补助、税费抵扣等支持政策，合理引导工商社会资本下乡；规范推广复制政府和社会资本多元多头合作模式，通过特许经营等方式吸引社会资本参与乡村振兴项目；探索建立垃圾污水处理农户付费制度，完善财政补贴和农户付费合理分担机制。

（四）规划保障

实施乡村振兴战略是一篇大文章，要统筹谋划，科学推进。规划是龙头，是第一道工序；科学管用的规划是乡村振兴的路线图、施工图和时间表。

第一，科学论证，精准施策。制定乡村振兴规划，要立足实际认真研究，要有指导性、操作性，不能为规划而规划，现阶段，我国农村形态格局正在加速演变分化，处于大调整、大变动时期，随着经济社会发展，一些村落会集聚更多人口，一些自然村落会逐步消亡。要科学把握乡村的差异性和发展趋势变异特征，村庄保留、整治、缩减和扩大都要经过科学论证，保证符合科学依据，在论证的基础上编制规划，做到分类指导，精准施策。

第二，高标定位，全面推进。乡村振兴是大决策大战略，目标是全方位的振兴，总体规划的起点要高，内容要完整，要高目标定位。乡村振兴战略20字总要求，是新时代“三农”发展的新目标，也是建成高标准的小康社会和社会主义现代化国家的要求。因此，应适应新时代发展的新要求、农民群众的新期待，高起点高标准制定乡村振兴的规划目标。已经制定的目标要在新的规划中对照新要求提速提质，要全方位推进。乡村振兴涉及农村经济、政治、文化、社会、生态各个方面，规划要注重农村“五位一体”全面发展。按照乡村振兴策略总要求全面部署、全面推进。

第三，统筹衔接，多规合一。通盘考虑上下、总分、城乡等发展规划编制，整合各类规划进行统一管理并加强各规划之间的衔接，形成上下贯通、城乡融合、区域一体、多规合一的规划体系。要上下衔接，制定各级乡村振兴规划，下级规划要与上级规划衔接、落地上级规划。《乡村振兴战略规划（2018—2022年）》明确了2020年全面建成小康社会和2022年召开二十大时的目标任务，对工作中的重难点进行更细致的划分和提出相应的政策举措，开展各项重大工程、重大计划、重大行动，各级地区与部门要制定与其相匹配的乡村振兴规划和专项规划或方案。编制规划还要注意总分对接，各地总规划与其他专项规划要有机对接，专项规划服从总体规划，保证一盘棋；要注意城乡融合，按照城乡一体、融合发展的要求，统筹布局城乡规划，使城乡建设互联互促；要注意新旧结合，已经完善的美丽乡村建设规划的，可以根据新要求适当完善，避免另起炉灶，浪费财力、精力。

第四，因地制宜，分类推进。根据现状对村庄治理进行分类，有序推进乡村振兴的开展，对条件优越的村庄应加快城镇基础设施和服务向农村延伸；对拥有深厚传统文化的村庄，既要保护又要相应地发展；对生活条件恶劣、生态环境恶化的地区，应首先加大生态移民搬迁和生态环境的修护。

按照乡村的人口规模、发展基础、区位条件和资源禀赋的不同，可分为五类村庄有序推进：对经济比较发达，具有区位优势的城乡便利村可发展休闲农业、乡村旅游、养老康养、民宿经济、创意创业等产业，这类村缺少的是建设用地，可通过实施土地整治、迁村腾地等途径，让本县其他有富余土地的村通过置换、变现，满足城乡便利村的土地需求；对历史文化资源比较丰富的民俗文化村，可大力挖掘民俗文化，发展民俗旅游，用足用活传统文化资源保护、乡村旅游的相关政策，大力发展乡村旅游、网红小镇、文化创意等特色产业；对生态良好的生态自然村，这类村生态优势明显、林果茶菌等特色经济有优势，但多是偏远山村，交通、物流、信息、人才比较欠缺，更多地要从基础设施“最后一公里”等方面发力，发展农村电商新经济，让养在深山中的生态资源、特色产品造福群众；对以粮食生产为主的传统农耕村，这类村最大的资源就是耕地多，要在“农”字上做足文章，大力发展生态农业、优质农业，打造成优质粮仓、绿色菜园；对“老少边穷”村，要根据村庄发展实际，需要迁建的做好搬迁重建工作，不能迁建的村要出台特殊的支持政策，从基础设施建设、公共事业发展、人才队伍建设等方面给予特殊的关照，可以开展对口帮扶，一对一地进行扶持。

第五，立足本土，彰显特色。乡村振兴不能千篇一律、一个模式、一种格调。要注重地域特色、民族特色，体现各地乡土风情，不能去农村化、照搬城镇模式，要彰显地方特色和乡村特点。要建设类型多样、特征鲜明、风貌各异、多姿多彩的美丽农村，要保护好传统村落、民族村寨、传统建筑，要让乡村“看得见山望得见水，记得住乡愁”。

第六，先行先试，循序渐进。农村地域范围广，各地发展差异大，要从实际出发，针对不同类型的村庄采取不同的对策。可按照整治村、创建村、示范村三种类型三个阶段分类推进，基础差的村先进行环境整治，基础好的村进行提升创建，达到创建标准后再提质示范。要注意当前与长远相结合，合理设定阶段性目标任务，既要积极作为、尽力而为，又要量力而行、久久为功，不能急于求成、一哄而上。各地要选择不同类型的村分别开展试点，以点带面，逐步推进。

第七，注重民意，务实管用。制定乡村振兴规划要充分听取群众意见，充分依靠乡村干部，要把设计专家的理念与群众的意见有机系统结合，不能一味地弃土求洋、求全求新，更不能闭门造车、生搬硬套。县以下规划要力求务实管用，要好懂好用好看。

参考文献

［1］闻言．深入实施乡村振兴战略，书写好中华民族伟大复兴的“三农”新篇章［N］．人民日报，2019-07-09（6）．

［2］高其才．通过司法健全乡村治理体系［J］．贵州大学学报（社会科学版），2019，37（3）：38—43．

［3］加强和改进乡村治理［N］．人民日报，2019-06-24（1）．

［4］郝保权．实施乡村振兴战略意义深远［J］．农村·农业·农民（B版），2019（6）：13—14．

［5］韩俊．关于实施乡村振兴战略的八个关键性问题［J］．中国农业文摘——农业工程，2019，31（3）：3—8．

［6］丁立江．乡风文明是乡村振兴重要的动力源［N］．学习时报，2019-04-24（7）．

［7］陈永芝．改革开放40年陕西乡村振兴问题研究［J］．《资本论》研究，2019（15）：27—33．

［8］魏后凯．把握乡村振兴战略的丰富内涵［J］．农村·农业·农民（B版），2019（3）：13—14．

[9] 温和．实施乡村振兴战略　促进县域经济高质量发展［J］．财经智库，2019，4（2）：52—62，141.

[10] 赖雄麟，高晶华．提升乡村治理现代化水平的着力点［J］．农村·农业·农民（B版），2019（2）：42—43.

[11] 韩俊．以“三农”思想为根本遵循　实施好乡村振兴战略［J］．中国房地产，2019（5）：56—60.

[12] 夏青．农业高质量发展进行时［J］．农经，2019（Z1）：18—25.

[13] 黄济生．农业科技引领乡村振兴：以五彩田园为例［J］．农业与技术，2019，39（1）：48—49.

[14] 朱斌斌，冯彦明．乡村生态振兴的长效机制探析［J］．农村金融研究，2019（1）：9—14.

[15] 中共中央印发《中国共产党农村基层组织工作条例》［N］．人民日报，2019-01-11（1）.

[16] 武志军．新时代品牌强农助力乡村振兴［J］．中国品牌，2019（1）：37—39.

[17] 吴德进，陈捷．要素集聚下特色小镇建设引领乡村振兴研究［J］．福建论坛（人文社会科学版），2019（1）：146—152.

[18] 林玮．乡村振兴战略实施路径与策略的研究［J］．天津农业科学，2019，25（1）：46—47，57.

[19] 夏锦文．以乡风文明引领乡村振兴［N］．经济日报，2018-12-28（9）.

[20] 杨中柱．乡村振兴背景下打赢脱贫攻坚战的思考［J］.

农业科学研究，2018，39（4）：72—77.

［21］贺胜兰．乡村振兴的可持续性思考［J］．老区建设，2018（24）：37—39.

［22］周倩，许传新．农民工返乡创业与乡村振兴关系解析［J］．中南林业科技大学学报（社会科学版），2018，12（6）：68—73.

［23］万舟，杜玲．乡村振兴战略中农业农村现代化的实现［J］．天水行政学院学报，2018，19（6）：95—98.

［24］张红宇．乡村振兴开局前所未有［J］．中国乡村发现，2018（5）：33—39.

［25］王晓红．乡村振兴大有可为［N］．中国经济时报，2018-11-20（4）.

［26］韩俊．破除城乡二元结构走城乡融合发展道路［J］．理论视野，2018（11）：5—8.

［27］王廷信，李制．乡村振兴战略与中华优秀传统艺术体系建构［J］．民族艺术，2018（5）：13—18.

［28］张永军．深度变革的中国农业［J］．西部大开发，2018（10）：30—35.

［29］中共中央国务院印发《乡村振兴战略规划（2018—2022年）》［N］．人民日报，2018-09-27（1）.

［30］3 000万人的脱贫大攻坚［J］．领导决策信息，2018（34）：26—29.

［31］韩俊．以习近平总书记“三农”思想为根本遵循实施好乡村振兴战略［J］．管理世界，2018，34（8）：1—10.

［32］欧阳建勇．乡村振兴战略下我国农村公共文化服务建设的财政政策研究［D］．南昌：江西财经大学，2018.

［33］周跃辉．做好乡村振兴战略大文章“五义”［J］．党课参考，2018（8）：100—113.

［34］王亚华．乡村振兴“三步走”战略如何实施［J］．人民论坛，2018（10）：72—74.

［35］刘晓雪．新时代乡村振兴战略的新要求：2018年中央一号文件解读［J］．毛泽东邓小平理论研究，2018（3）：13—20，107.

［36］韩长赋．大力推进质量兴农绿色兴农　加快实现农业高质量发展［J］．甘肃农业，2018（5）：6—10.

［37］李军国．准确把握乡村振兴战略的总要求［J］．新长征，2018（3）：56—57.

［38］中共中央国务院关于实施乡村振兴战略的意见［N］．人民日报，2018-02-05（1）.

［39］李军国．实施乡村振兴战略的意义重大［J］．当代农村财经，2018（1）：2—6.

［40］范恒山．创新引领循环经济发展新征程［J］．中国产经，2016（12）：52—57.

［41］韩长赋．加快转变农业发展方式提高农业质量效益和竞争力［J］．农民科技培训，2016（1）：4—6.

［42］韩长赋．深入学习贯彻十八届五中全会精神加快转变农业发展方式［J］．农业工程技术，2015（30）：5—7.

［43］陈向国，解振华．发展循环经济推进经济绿色化［J］.

节能与环保，2015（10）：40—42.

［44］阎亚军，王原雪，杨国磊．农村信用体系建设：理论综述与展望［J］．中国农业会计，2012（10）：11—13.

［45］韩俊．实施乡村振兴战略五十题［M］．北京：人民出版社，2018.

［46］陈锡文，罗丹，张征．中国农村改革40年［M］．北京：人民出版社，2018.

［47］湖北省乡村振兴研究院．乡村振兴之路［M］．武汉：湖北科学技术出版社，2018.